HISTOIRE

D'UNE COLLINE

POISSY. — TYPOGRAPHIE ARBIEU.

HISTOIRE
D'UNE COLLINE

PAR

MÉRY

NOUVELLE ÉDITION

PARIS
MICHEL LÉVY FRÈRES, LIBRAIRES
RUE VIVIENNE, 2 BIS

1855

HISTOIRE
D'UNE COLLINE

I

La grande route.

La diligence de *Golden-Cross*, partie de Londres le 14 juin 1836, avait dépassé le délicieux village de Bucks, sur la route d'Oxford, et s'arrêtait en rase campagne devant un *cottage* isolé. Il était trois heures après-midi.

Le cocher remit le fouet et les rênes au jeune homme qui avait l'honneur d'être assis à côté de lui, sur son siége, quoique ce jeune homme ne fût pas *gentleman*, et quoiqu'il portât des gants de couleur. Cette infraction à la discipline du *coach* n'avait pas été remarquée, parce que le jeune homme ressemblait assez à un gentleman, et que le secret de son humble condition était dissimulé par une figure distinguée, un chapeau *qui capit ille facit*, *water-proof* gris, acheté chez Phythian. D'ailleurs, le cocher connaissait et estimait beaucoup son compagnon de siége; c'est ce qui l'avait décidé à sauter à pieds joints sur une des lois conservatrices de la vieille Angleterre, ce pays de l'égalité pour quiconque a le bonheur d'être riche ou d'avoir des gants blancs.

John Lively, c'était le nom du jeune homme, ne parut pas extrêmement sensible à l'honneur de tenir, par *interim*, le fouet et les rênes, quoiqu'il ne fût pas gentleman. Il laissa flotter le fouet, tendit les rênes machinalement, par distraction, et les chevaux anglais, qui maintenant profitent de la moindre occasion pour faire des équipées, tant ils sont furieux contre les chemins de fer! les chevaux, dis-je, se cabrèrent, et un cri de malédiction s'éleva du *out-side* contre l'usurpateur John Lively, qui tenait le fouet et n'était pas gentleman.

Le cocher, qui buvait un verre de *sherry* dans

le cottage, accourut au bruit combiné des chevaux et des voyageurs, et se vit contraint à destituer sir John Lively.

« Tant mieux ! dit John Lively, je vais descendre pour boire un verre de *soda-water.* »

Il entra dans le cottage, et demanda du *soda.*

Une jeune dame vint le servir, c'était la maîtresse du logis : une dame de vingt-deux ans, belle, même parmi d'autres Anglaises, et brune, contre l'usage du pays ; une véritable apparition, comme on n'en rêve que la nuit, quand on ne dort pas ; une femme qui aurait pu passer pour idéale, si elle n'eût rayonné de charmes terrestres. Ses cheveux noirs coulaient, comme de l'ébène en fusion, sur des épaules qu'on ne rencontre que sur les gravures des *keepsakes* ; elle livrait beaucoup à l'œil, avec toute l'insoucieuse ignorance d'une *miss* qui sort de pension. Sa figure rappelait ces types extraordinaires des femmes de Chester, les reines du Lancashire ; de grands yeux noirs avec un cil léger, comme un arc délié fait à l'encre de Chine ; un nez désespérant de perfection, et pourtant bien éloigné du modèle grec, des joues dont l'incarnat arrivait, par de merveilleuses dégradations, à la nuance du lis; une bouche en cœur, comme une feuille de rose découpée; et puis un ensemble qui résumait admirablement ces harmonieux détails, et un sourire à dorer de rayons les nuits d'Young. Ajoutons avec l'histoire qu'elle avait une robe de popeline si bien ajustée, qu'elle aurait pu être signée Palmyre. Cette robe sortait pourtant des ateliers de Betty Chelding; elle avait été originairement fort mal faite, mais le corps était si beau qu'il avait corrigé la robe. Ce fut cette femme qui servit pour trois *pences* de *soda-water* à John Lively.

Notre jeune homme buvait le *soda* et tenait ses yeux fixés sur cette Anglaise incroyable; depuis longtemps même il avait fini de boire, et il avait laissé ses yeux où ils étaient : le soir l'eût trouvé dans cette position, si le cocher, qui n'aimait pas les Anglaises, parce qu'il était Irlandais, ne l'eût rappelé à son poste de voyageur. John Lively se laissa remorquer jusqu'à la voiture, et prit un coin de banquette en *out-side*, derrière le siége où un véritable gentleman l'avait remplacé.

Les quatre chevaux, les crinières au vent, se précipitèrent sur la route d'Oxford. John Lively ne remarqua pas les airs de fierté que prenait avec lui le gentleman; il regardait fuir le cottage qui semblait courir à l'horizon vers Bucks, tandis qu'il était emporté, lui, en sens contraire; il se croyait écartelé à quatre chevaux. « Ils vont bien lentement ces chevaux, » dit le gentleman. A cette parole, John Lively tressaillit de pitié, et lança un sourire dédaigneux à son fier remplaçant du siége.

— Vous trouvez que mes chevaux vont lentement, monsieur Copperas? dit le cocher.

— Ils vont toujours lentement les chevaux, répondit M. Copperas : enfin ils font ce qu'ils peuvent, ces pauvres bêtes! ils ne sont pas à la vapeur.

— Ils ne font pas explosion non plus, monsieur Copperas!

— Vous parlez comme un cocher.

— Et vous comme un ingénieur du chemin de fer de Manchester.

— Pas mal! dit John Lively.

M. Copperas se retourna vers John Lively, haussa les épaules, et se mit à siffler un air qui n'existait pas.

On arrivait, en ce moment, à l'entrée d'un bois, sur le sommet de la montagne d'où l'on découvre l'immense et magnifique plaine du comté d'Oxford. John Lively jeta un dernier coup d'œil sur la cime des arbres qui s'abaissaient derrière lui, et poussa un long soupir.

Le cocher avait entendu le soupir de Lively, et il en avait pris note : Lively était Irlandais comme lui ; le cocher attendit l'heure du dîner à Oxford pour lui donner quelques consolations, ainsi que cela doit se faire entre compatriotes, en pays étranger.

A Oxford, la diligence s'arrêta devant *Swann-Inn*. M. Copperas descendit du siége, et le cocher, débarrassé d'un voisin importun, dit à Lively : — Ce M. Copperas est bien fier, il vous a fait de la peine : je l'ai compris.

— Ce voyageur? dit Lively, vous vous êtes trompé, Patrick, je n'ai pas pris garde à lui.

— Ah! c'est un homme bien méchant! Encore vingt hommes comme lui, et il n'y a plus un seul cocher en Angleterre. Ils tueront les cochers!

— Ce M. Copperas a tué des cochers?

— Il en a tué cent déjà!

— Cent cochers! et on ne l'a pas pendu?

— Est-ce qu'on pend quelqu'un maintenant?...

Mais descendons, et allons dîner, nous parlerons de cela plus tard.

Le dîner attendait les voyageurs, à l'inverse de France, où les voyageurs attendent le dîner. Le *land-lord*, en habit noir, enrichi de manchettes, découpa une colline de bœuf rôti et fit écumer le porter *Barclay-Perkins* dans tous les verres. John Lively mangea peu, et sortit pour acheter une paire de gants blancs, et rêver à la dame du cottage de Bucks.

On se remit en route pour Birmingham à l'issue du dîner.

— M. Copperas s'arrête à Oxford, dit le cocher à Lively, vous pouvez vous asseoir sur le siége.

Lively mit ses gants, roula ses cheveux d'un blond de flamme, assujettit fièrement sur sa tête son *qui capit ille facit* de castor fin, et prit le siége d'assaut. Les chevaux exécutèrent un quatuor de hennissements, comme une ouverture de départ, et firent trembler sous leurs bonds la double file de colonnades moresques, espagnoles, gothiques, italiennes, qui bordent la merveilleuse rue d'Oxford.

A toutes les vitres des kiosques et des balcons

suspendus aux riantes maisons de cette rue s'étaient encadrées d'immobiles têtes d'Anglaises qui regardaient passer la voiture ; on aurait cru voir, sur un étalage monumental, cent livraisons à l'aquarelle des femmes de Shakespeare et de Byron. Lively feuilleta tout cet album avec ses yeux et se retourna vers le midi en soupirant. Oh ! la dame du cottage aurait fait briser de jalousie toutes ces vitres si elle se fût montrée un instant à Oxford !

La diligence entre dans la campagne sur la route de fleurs, de gazon, de pins, de cerisiers qui conduit au charmant village d'*Old-Wostook*. On aperçoit bientôt les hauts massifs d'ombrages qui couronnent le château du Vieux-Wostook, où personne ne se souvient de Cromwell. Soyez Cromwell, après cela !

John Lively ne pensait pas à Cromwell. Un fantôme le suivait au vol dans cette route gracieuse où le soleil couchant d'été laissait tomber tant d'amour pour la nuit.

— Vous pensez donc toujours à votre aventure ? dit Patrick à Lively ; vous êtes taciturne comme un Anglais, monsieur l'*Irishman* !

— Je regarde la campagne, dit Lively; elle est assez belle, mais j'aime mieux notre Erinn.

— Ah! je crois bien! nous n'en voudrions pas de ce Vieux-Wostook pour y loger des pourceaux. Avez-vous revu notre Irlande, monsieur Lively, depuis la mort de votre père?

— Non. Qu'irais-je faire en Irlande? souffrir et voir souffrir.

— Vous avez raison. C'était un bien honnête homme, votre père! Je l'ai conduit cent fois de Liverpool à Birmingham, avant l'invention de ces maudits chemins de fer. Votre père ne doit pas vous avoir laissé grand'chose; il était si honnête!

— Il ne m'a rien laissé du tout; moins que rien, une cabane du côté de Stafford, sur la route de Manchester.

— Et c'est là que vous vivez?

— Oui, Patrick, c'est là que je meurs. Le mois dernier encore je travaillais, à Manchester, dans la manufacture de soie de M. Lewis Schwabe; mais il a renvoyé ses ouvriers. Cependant je me trouve plus heureux que nos frères qui se couchent, à jeun, sur le seuil des palais de *Sakville-*

Street ; je dors, moi, dans une cabane qui m'appartient.

— Vous aviez été chercher du travail à Londres?

— Oui.

— Et vous n'avez rien trouvé?

— Je n'ai passé que deux jours à Londres. Londres m'étouffait. Un verre de wisky et une patate de mon petit jardin, pour tout repas, dans ma cabane, j'aime mieux cela que mon couvert mis dans le palais du duc de Northumberland, à *Charing-Cross*.

— Oui, voilà parler en brave Irlandais!... Pourtant quand il faut vivre...

— Il n'est pas très-nécessaire de vivre.

— Vous n'êtes donc pas marié? vous n'avez point d'enfants?

— Non. Est-ce qu'un Irlandais doit se marier?... je me marierai quand je pourrai faire baptiser mes enfants au son de toutes les cloches de Dublin, dans la belle église de Saint-Patrick.

— Vous mourrez garçon.

— C'est plus facile que de mourir marié.

— Vous n'avez passé que deux jours à Londres, monsieur Lively? vous n'avez donc rien vu?

— J'ai trop vu... j'ai vu la femme avilie, et Saint-Paul apostat. Le troisième jour, je n'avais plus rien à voir, je suis parti.

— Comment vous ont-ils traité les Anglais que vous avez vus?

— J'étais Irlandais et pauvre.

— Assez.

— Croiriez-vous bien, Patrick, que, le premier jour de mon arrivée, j'aurais pu me persuader que les Anglais avaient fait une pièce de théâtre contre moi? Écoutez. En arrivant, j'étais descendu à la *Croix-d'Or*, devant l'église de Saint-Martin, autre apostat; je me fis indiquer *Faringdon-Street*, où j'avais une connaissance; on me dit: « C'est bien loin; prenez le *Strand*, à droite, et marchez deux milles devant vous. » Au bout de *Fleet-Street*, je vis beaucoup de gens qui lisaient de grandes affiches de toutes couleurs. Figurez-vous mon étonnement, lorsqu'en jetant les yeux sur la première de ces affiches, je lus: *Théâtre d'Adelphi; grande attraction; première représentation de l'*IRLANDAIS A LONDRES, *farce en un acte.* Un nuage me tomba sur les yeux; je ne vis plus rien; mon cœur se fondit, ma poitrine se brisa. Je marchai au hasard; je passai devant *Faringdon-Street*, large comme *Sakville*, et je ne le vis pas; j'entrai dans une rue en face de moi, et je ne sortis de mon rêve que devant Saint-Paul. Ce temple est noir, comme si Dieu l'avait foudroyé; il est entouré d'une ceinture de courtisanes et d'autres femmes folles de leur corps. Devant cette grande humiliation d'une église catholique, j'oubliai mon humiliation; je pardonnai à ceux qui avaient outragé Saint-Paul, la *farce* de l'*Irishman in London*; mais je vis bien qu'il m'était impossible de vivre plus longtemps dans cet air, et mon départ fut arrêté pour le lendemain. Ce matin, je suis sorti de Londres en secouant la poussière de mes pieds, et je n'y rentrerai plus.

— Oh! vous y rentrerez, monsieur Lively.

— Oui, quand les Anglais auront inventé le *comfortable* de l'âme, eux qui ont épuisé leur génie à songer au corps.

— Ah! il faut être juste, monsieur Lively, même envers les Anglais; voyez s'il est possible de rencontrer une route mieux tenue : les chevaux même s'en réjouissent, ils sont heureux de voyager. Regardez cette rivière charmante qui coule devant ce joli village de Stratford ; regardez ce pont que nous allons passer ; j'aime mieux ce pont que *London-Bridge* ; c'est un pont à mettre sous cloche ; un pont si mignon et qui est divisé en trois allées, avec des rampes pour les piétons, et deux trottoirs. Regardez cette route qui descend à Hamley : c'est une allée de jardin, et à droite et à gauche toujours des trottoirs, avec une bordure de fleurs, pour les piétons : pauvres malheureux ! on leur a mis du velours sous les pieds...

— Et du bronze dans le cœur, Patrick. Et puis, où mène-t-elle, cette route ? à Londres, où la prostitution coule sur les trottoirs ; à Birmingham, où l'industrie a égorgé Dieu avec un couteau d'acier.

— Ah ! monsieur Lively, le malheur a aigri votre caractère ; si vous étiez riche, vous seriez plus tolérant. On est triste à jeun, et joyeux après dîner. Moi, je suis quelquefois comme vous. Quand le chemin de fer me chassa de la route de Liverpool, je voulus me noyer dans la Mersey. Je ne me noyai pas, et je fis bien. On me donna du service sur la route de Birmingham à Londres, et je vécus.

— Oui, mais l'an prochain, pauvre Patrick, le *rail-way* te chassera de la route de Londres, et tu voudras te noyer dans cette jolie rivière de Stratford que tu admires aujourd'hui. Ce n'est pas sur la route de Birmingham à Manchester qu'on te donnera du service, puisqu'on travaille à l'embranchement ; on te chassera de partout. L'industrie est une belle chose, mais elle fait vivre le fer et mourir l'homme. Un jour M. Copperas, l'ingénieur, te fera passer un wagon sur le corps.

— Vous avez raison, monsieur Lively... et ce n'est pas moi que je plains... je plains mes pauvres chevaux, qui seront forcés de quitter cette belle route qu'ils aiment tant ! On les enverra à Londres ; ils stationneront à *Hay-Market* ou à *Trafalgar-Place* ; ils sécheront d'ennui devant un cabriolet *patent-safety* ; ou bien, ce qui est pis, ils traîneront un omnibus de *Mansion-House* à *Kensington-Garden*. Oh ! les larmes me viennent aux yeux... Je voudrais voir ce M. Copperas roué vif !

— Patrick, souviens-toi que tu es catholique ! tu dois pardonner à M. Copperas.

— Soit ! je lui pardonne ; mais qu'il ne tombe jamais sous ma main !

Les deux Irlandais cessèrent de parler au tomber du jour. Entre le village d'Hamley et Birmingham, John Lively rompit le silence, et il dit à Patrick :

— Vous arrêtez-vous quelquefois à ce petit cottage de Bucks, où nous avons pris du *soda-water ?*

— Oui, monsieur Lively, quelquefois ; tantôt je m'arrête à *Chepping-Wicombe*, tantôt à *High-Wicombe*, tantôt à *Bucks*.

— Connaissez-vous cette dame qui nous a versé du *soda ?*

— Non, c'est la première fois que je la vois ; elle m'a paru très-belle, cette dame.

— Ne trouvez-vous pas singulier qu'une femme si belle et si bien mise fasse un pareil métier, dans un pareil endroit ?

— Mais... oui, je le trouve singulier, à présent que vous m'en parlez... Est-ce que vous êtes amoureux de cette dame, monsieur Lively ?

— Tais-toi, Patrick ; cette femme m'étonne, voilà tout. Je donnerais les cinq livres qui me restent dans ma bourse pour connaître l'histoire de cette dame.

— Ce serait peut-être trop payé.

— Je les donnerais volontiers.

— Eh bien !.... je crois pouvoir vous économiser cette dépense..... attendez..... mon frère est aubergiste au *Lion-Rouge* à Wycombe ; les aubergistes savent tout ; je le questionnerai demain sur la dame du cottage, et nous saurons tout comme lui.

— Oh ! tu me rendras service, Patrick... Oui... vois-tu... ceci se rattache à une autre histoire... un mystère...

— N'allez pas plus loin, monsieur Lively ; vous êtes embarrassé, mettez-vous à votre aise... Où logerez-vous à Birmingham ?

— A *Hart-Inn*, sur la place du Marché, en face de la statue de Nelson.

— Je vous reverrai dans trois jours.

— Oh ! mon cher Patrick, je te serrerai la main de bon cœur.

— Ah ! monsieur Lively, ce n'est pas du *soda* que vous avez bu, c'est du poison anglais.

John Lively ne répliqua pas.

— Voilà Birmingham, dit Patrick.

Le ciel était pur, et aux clartés sereines de la lune et des étoiles, on pouvait distinguer confusément le palais gothique de *Grammar-Schoott* et les chapiteaux aériens de *Town-Hall*, deux merveilles modernes de l'architecture antique. L'immense ville se détachait sur l'horizon du ciel et semblait s'asseoir sur la *Grande-Ourse*, ce fauteuil de sept étoiles, et dormir, à l'air, comme un ouvrier laborieux qui se prépare aux fatigues du lendemain.

II

La cabane de John Lively.

Quatre jours après, John Lively se promenait sur la grande route de Birmingham à Hamley, six heures avant le passage de la diligence de *Golden-Cross* ; il espérait ainsi la faire arriver plus tôt, et il ne se trompait pas : pour devancer l'heure d'arrivée d'une voiture, il faut aller au-devant d'elle jusqu'à son mi-chemin.

Le soleil était descendu à ce point de l'horizon où il se laisse regarder en face, et où il semble s'arrêter pour sourire aux impatients qui attendent son coucher. John Lively n'avait que cette montre céleste à consulter, et lui demandait l'heure à chaque instant, comme l'écolier au quart d'ennui qui précède la récréation. John Lively aurait bien voulu faire l'inverse du miracle de Josué, mais il lui fallut se résigner à son impuissance. Tous les bruits qui venaient de la plaine à son oreille se transformaient en roulement de voiture. Cette campagne, qui n'est qu'un haras magnifique, où bondissent des chevaux nus, gais et libres, lui envoyait des hennissements lointains qui le faisaient tressaillir : « Le voici, disait-il, je reconnais la voix des chevaux de Patrick ! » Et il brûlait de ses regards la grande route, silencieuse et nue comme un ruban de sable découpé au désert, et jeté capricieusement sur la plus belle verdure du monde.

Enfin le soleil disparut à l'horizon, en léguant quelques rayons au crépuscule éternel des étés du Nord. A l'extrémité du chemin, il y avait des masses d'arbres arrondis comme un arc triomphal de verdure ; c'était le point que John Lively dévorait du regard, et qu'il croyait voir luire dans l'ombre, en y lançant la flamme de ses yeux. Un corps noir et informe se détacha de cette voûte d'arbres ; un piétinement bien connu, mêlé à des cris d'essieux et de roues, annonça la voiture de Patrick. Lively s'élança au-devant des chevaux ; Patrick ne le reconnut pas dans l'obscurité ; il vit un homme fou qui courait à un suicide équestre, et il arrêta brusquement ses chevaux, comme sur le bord d'une montagne à pic.

— Avez-vous une place pour moi en *out-side* ? dit Lively d'une voix haletante.

— Ah ! c'est vous, monsieur Lively !.. Non, pas une place! Nous avons deux voyageurs de plus. Il m'est défendu de m'arrêter. Adieu : dans une heure à Birmingham.

Et les chevaux, comprimés quelque temps, bondirent sous les rênes détendues.

— A Birmingham ! dit Lively ; et il allongea le pas sur le grand chemin.

« Que va-t-il m'apprendre à Birmingham ? disait Lively, dans un monologue intérieur.... A Birmingham ? Patrick a appuyé sur le mot. Il a deviné que j'avais été saisi à la vue de cette femme, et il a prononcé Birmingham avec un accent qui, je crois, signifiait : Soyez tranquille, j'ai quelque chose d'heureux à vous annoncer.... Birmingham ! *adieu : dans une heure à Birmingham !* Quel mystère ! une divinité du ciel qui vend du *soda-water* en rase campagne, et qui paraît fort contente de son état !... Patrick sait déjà tout ; son secret vient de passer au galop, là, devant moi. Une pensée a été donnée à cette adorable femme, là dans cet air que je respire et que je bois.... Voilà donc l'amour! il vous arrête, comme un bandit, sur une grande route, et vous dit: Meurs sans moi, ou vis avec moi!.... Faut-il mourir, faut-il vivre?.. Courons à Birmingham. »

John Lively avait dans le cœur toute la fougue d'un Irlandais de vingt-quatre ans; mais, à cet âge, il avait déjà perdu un trésor d'illusions, parce que la pensée et le malheur précoces lui avaient tenu lieu d'expérience. Il apportait au monde le naturel inquiet et orageux du solitaire qui est descendu de la montagne pour bâtir sa hutte au bord de la mer: le grand spectacle de l'Océan du nord; la campagne irlandaise, avec ses ondulations de verdure, ses lacs mystérieux où le ciel vient boire, comme dans une coupe taillée dans la montagne; cette nature énergique, encore défendue contre la civilisation par une ceinture de rochers, d'abîmes, de tempêtes, tout donne à l'Irlandais le caractère puissant de l'homme primitif, et lui assure la vénération des peuples, à une époque où les peuples ne vénèrent plus rien. John Lively était plus malheureux qu'un autre de ses compatriotes, parce qu'il était sorti de sa citadelle, et qu'il venait se heurter, avec ses passions, aux angles d'une société qui ne le comprenait pas. C'était un épisode vivant jeté dans le drame industriel de l'Angleterre.

John Lively s'était assis contre la grille du grand marché de Birmingham, et il attendait Patrick qui pansait ses chevaux. La nuit était sombre, et tout homme qui passait devant *Hart-Inn* était Patrick pour John Lively.

Enfin le cocher irlandais arriva ; il était essoufflé, car il avait gravi, en courant, la rue escarpée qui monte au monument de Nelson. Lively le reçut dans ses bras, et son silence et ses serrements de main étaient plus désireux de réponse que vingt points d'interrogation.

— Grande nouvelle ! dit Patrick ; grande nouvelle ! Laissez-moi me remettre un peu.

— Ah ! dites ! je vous écoute... Remettez-vous... Montons dans *New-Street*, nous serons plus à notre aise... Grande nouvelle ! voyons !

— Oui, monsieur Lively ; grande nouvelle ! L'embranchement du chemin de fer de Manchester n'aura pas lieu.

— Ah !

— Je viens de conduire M. Copperas d'Oxford à Birmingham. M. Copperas s'était arrêté à Oxford pour consulter un célèbre étudiant qui étudie les chemins de fer, et pour voir trois des plus riches actionnaires ; il m'a tout dit, tout. En voyage, on n'a pas de secrets. Figurez-vous que du côté de Stafford ou de Witmore, je ne sais pas bien, il y a des marécages, de vieux marécages, des *pots* de cent pieds de profondeur avec du gazon par-dessus; les ingénieurs ont sondé le terrain, et ils se sont enfoncés dans le gazon jusqu'au nez. J'aurais donné une *couronne* pour voir cela... et ensuite...

— Avez-vous vu votre frère l'aubergiste du *Lion-Rouge*, à Wycombe ? dit Lively.

— Oui, oui, attendez... Les ingénieurs ont dit : Il est impossible d'établir des *rails* sur ces marécages ; que ferons-nous donc ? nous ne ferons rien. Un autre a dit : Il faut détruire ces marais et les dessécher à la vapeur ; c'était un savant celui-là. Il a demandé vingt ans pour dessécher. Laissons-les faire, ils se dessécheront sur ces marais, eux, et en attendant, le cocher vivra, le cheval vivra honorablement ; l'aubergiste ne mourra pas de faim. Nous sommes sauvés pour vingt ans.

— Et que vous a dit votre frère sur la dame du cottage de Bucks ?

— Ah ! j'ai vu mon frère... oh ! je n'ai pas oublié votre commission !

— Eh bien ! que vous a dit votre frère sur la dame du cottage ?

— Il ne m'a rien dit du tout.

— Rien ?

— Absolument rien, mon frère ne la connaît pas, mon frère ne l'a jamais vue et n'en a jamais entendu parler.

— Mais n'avez-vous pas questionné d'autres voisins, parmi vos connaissances ?

— Oui, j'ai questionné beaucoup de monde : personne ne connaît cette dame. Ce matin, je me suis arrêté chez elle pour la questionner ; je lui ai demandé un verre de Porto : je l'ai bu ; je lui ai offert mon argent, elle l'a refusé, comme elle me fait toujours, dans l'espoir que je lui amènerai des pratiques ; je connais cette finesse. Il y avait dans le *cottage* trois membres de la société de *tito-tal-abstinence*, de Liverpool, qui voyagent à pied, dans le Middlesex, pour recruter des sociétaires.

Ces trois membres ont bu vingt pintes de porter *wite-bread*, deux flacons de wisky, et trois de claret, pour célébrer l'abstinence. Quand ils se sont levés pour payer, la dame a refusé l'argent; c'est encore une finesse pour attirer chez elle toute la société de *titotal-abstinence*, qui se compose de cinq cents membres, tous buveurs renommés. Voilà tout ce que je puis vous dire aujourd'hui.

— Tu n'as donc pas parlé à la dame ?

— Je n'ai pas eu le temps ; et puis, elle m'a regardé avec tant de bonté, que je n'ai pas eu le courage de lui adresser la parole ; un ange est plus redoutable qu'un démon.

— Ainsi, nous ne sommes pas plus avancés qu'il y a cinq jours !

— Pas davantage. Cependant, je vous apprendrai qu'elle portait ce matin une robe de soie feuille morte, et qu'elle avait des roses dans les cheveux.

— Et que penses-tu de cette femme ?

— Je pense que c'est la femme d'un lord qui a fait un pari.

— Tu la crois mariée ?

— Elle n'a pas l'air d'être mariée ; et cependant

quand on la regarde bien, elle n'a pas l'air d'être demoiselle; c'est fort embarrassant. Je la crois veuve, pour tout arranger.

— Veuve, si jeune!

— On peut être veuve à seize ans, si le mari meurt après un an de mariage. Enfin, puisque vous tenez tant à cette dame, monsieur Lively, allez prendre un logement à Bucks, et vous irez, tous les jours, boire du *soda* chez elle; à la fin de la semaine, vous en saurez plus, peut-être, que vous n'en voudrez savoir.

— Ce bon Patrick! j'irai m'établir à Bucks, comme un lord, moi! Il me reste trois guinées, mon ami...; c'est trois jours à vivre.

— Vendez votre cabane.

— Pour mille livres, je ne la vendrais pas... Mon père y est mort!

— C'est différent. Si j'avais de l'argent, je vous en prêterais; mais...

— Merci, Patrick... merci... j'attendrai. Patrick, je ne dors pas depuis trois nuits...

— Ah! vous êtes pris, ça se voit, je reconnais là mon Irlandais.

— Le souvenir de cette femme m'inquiète... je

serais plus tranquille, si je lui avais parlé une seule fois.

— Allez à Bucks.

— Non, non, j'irai chez moi; et puis j'irai à Manchester, je travaillerai; je gagnerai de l'argent, dussé-je faire des briques à Salford! je vivrai de peu pour gagner davantage.

— Et quand vous aurez ramassé quelques *souverains*, vous irez au cottage; vous le trouverez vide; quelque fils de lord, acheteur de femmes, aura passé par là.

— Oh! si cette figure d'ange mentait, il n'y aurait plus de vertu sur la terre!

— La vertu pauvre est bien exposée sur un grand chemin.

— Elle est plus exposée dans les villes.... Cette femme est, en plein air, sous la garde de Dieu.

— Que Dieu la garde bien!

— Patrick, je te remercie de tout ce que tu as fait pour moi... Que tout soit fini là... J'ai oublié un instant ma misère; moi, le pauvre Irlandais! J'ai songé à l'amour, à la femme habillée de soie, au mariage, au bonheur!... Quelle folie! j'ai dormi; me voici réveillé. Adieu, Patrick, je vais rentrer dans ma cabane ; le tombeau de mon père me donnera de sages conseils.

John Lively serra la main de Patrick, et il regagna mélancoliquement sa modeste auberge sur la place du Marché.

Le lendemain, il avait recommencé sa vie d'anachorète, dans sa cabane, non loin du village et du château de Stafford.

La solitude, au lieu de calmer les grandes passions, les alimente ; l'homme n'entend gronder la tempête de son cœur que dans le silence du désert. Aux cités, les plaisirs faciles ; aux campagnes, les passions inexorables. Lively se promenait le soir sur une petite colline couverte de cailloux, de bruyères et de plantes épineuses, et qui s'élevait derrière sa cabane. Là, jamais il ne donnait un regard aux belles plaines du Lancashire, ni à cet horizon vaste, où l'inclinaison des terres annonce le voisinage de la mer. Cependant l'Irlande, son doux pays, nageait sous cette zone ! Pauvre Irlande ! elle était oubliée ! Les yeux du jeune homme ne se détachaient pas des montagnes brumeuses, limites de l'Oxfordshire. C'est là qu'il y avait une vie, un amour, un mystère, un paradis.

Cependant les cinq guinées avaient disparu. Il fallut que John Lively descendît des hauteurs de la pensée aux détails ignobles de l'existence prosaïque. Il lui restait trois choses à choisir : la misère, le suicide, ou le travail.

Lively serra vivement ses bras contre sa poitrine, et dit :

— Demain j'irai faire rougir des briques au bourg de Salford.

Il n'avait pas remarqué, dans ses contemplations, deux hommes qui étaient descendus de cheval devant la porte de sa cabane : il tressaillit même dès qu'il les aperçut si près de lui, surtout en reconnaissant l'un d'eux, M. Copperas, son ennemi de voyage. Ce qui le rassura, c'est que M. Copperas avait un air riant, et qu'il saluait avec une affabilité tout irlandaise ou française.

— Nous nous excusons bien de nous présenter ainsi, sans nous faire annoncer, dit M. Copperas : c'est à M. John Lively que nous avons l'honneur de parler?

— Oui, dit le jeune homme d'un ton sec.

M. Copperas ne remarqua pas le ton.

— Sir John Lively, poursuivit M. Copperas, vous

êtes, m'a-t-on dit, le propriétaire de cette campagne?

— On vous a trompé. Cette cabane appartient au tombeau de mon père; la campagne appartient à la famille de Stafford.

— Je vous en félicite. Cette campagne n'est qu'un marais; vous devez avoir des fièvres en été?

— Je n'ai jamais eu la fièvre, Monsieur.

— C'est que le voisinage des marécages est très-dangereux.

— Liverpool a été bâti sur un marais; son nom l'indique bien.

— Oui, le *marais* du *Liver*; ce sont même les armes de la ville: un *Liver*, qui n'est autre chose qu'un héron ou une grue, en *pal*, sur un *champ* d'azur marécageux. Mais depuis cent cinquante ans, le marécage a disparu.

— Est-ce que nous allons faire une longue dissertation sur les marécages? dit Lively en croisant ses bras.

— Non, non, sir Lively, nous venons vous proposer une petite affaire. Avez-vous quelque petit terrain à vendre, au vol du chapon, quelque arête de colline, quelque peu de gravier, un rien? je vais vous parler franchement, parce qu'en affaires la meilleure finesse c'est la franchise. Nous avons quelques pieds de *rails* de l'embranchement à faire passer de ce côté; ici, ou un peu plus loin, si je ne m'arrange pas avec vous. Nous cherchons quelques toises de terrain sec, qui n'aient pas trempé dans cette espèce de conspiration que les marécages ont faite contre nos chemins de fer.

— Monsieur, je ne puis rien vous céder, par une excellente raison : je ne possède rien.

— Ah! vous ne possédez rien!... Au reste, si vous possédiez, nous aurions le désagrément de ne pouvoir vous enrichir; nous voulions faire un appel à votre patriotisme...

— Je n'appartiens pas au comté, Monsieur.

— Mais vous appartenez à la nation; vous êtes Anglais...

— Irlandais.

— Irlandais, encore mieux; un client du grand O'Connell, un fils de la verte Erinn. Mon aïeul était Irlandais; j'ai du sang Irlandais dans les veines, et deux actions dans le chemin de fer de Kingston à Dublin. Vous voyez que nous sommes à peu près compatriotes.

— Soit.

— A qui appartient cette colline où vous vous promeniez ?

— A moi, Monsieur ; vous voyez que je ne mens pas en vous disant que je ne possède rien.

— Au fait, cela ressemble assez à la bruyère des sorcières de Macbeth. On ne retirerait pas dix shillings des chardons de cette colline. Permettez-vous que nous l'examinions un instant ?

— Examinez-la ; je vous défie d'y faire pousser un grain de seigle.

— Pierres sur pierres, pierres sur pierres ; pas un atome de terre végétale !... Il doit y avoir des insectes venimeux au mois d'août... Ah ! voilà de la ciguë ! *cicuta* ; prenez bien garde de toucher à cette plante ! Notre projet serait d'écorner un tant soit peu cette colline, pour y loger à sec quelques toises de *rail* ; de cette manière, le chemin passerait sous votre croisée, ce qui donnerait subitement une valeur considérable à votre propriété. Nous n'exigeons rien pour ce travail ; nous sommes ravis d'être utiles à un brave Irlandais.

— Ah ! vous n'exigez rien ; c'est fort généreux, vraiment. Et croyez-vous donc, Monsieur, que je ne tiens pas à ma colline, moi, tout indigente qu'elle est? C'est la colline de mon père; le premier coup de marteau que vous donneriez dans ses entrailles, je le ressentirais dans les miennes. Et vous faites sonner bien haut votre générosité qui ne me demande rien pour que je vous laisse éventrer ma chère colline! voilà qui est singulier!

— Ces Irlandais sont tous les mêmes : voyez quelle charmante colère. Eh bien! voyons : nous ferons verser la mesure, nous vous offrirons quelque chose; nous couperons votre colline, là, nous vous ferons un vallon; vous aurez deux collines au lieu d'une, sans compter l'avantage que vous retirerez de la proximité du *rail-way*, et nous vous donnons cinquante livres comptant.

John Lively fixa la terre, et puis tourna ses yeux vers le midi.

— Cinquante livres, c'est bien peu.

— Mais notez bien que nous vous laissons deux collines; nous vous achetons le droit de passer dans le vallon.

— Mettez cent livres, et tout est dit; je signe.

— Savez-vous, sir, que le *rail-way* nous coûtera 150,000 livres?

— Ajoutez en cinquante, cela ne vous ruinera pas.

— Cent livres! sir Lively, vous n'êtes pas rond en affaires.

— Je suis pauvre, Monsieur.

— Vous êtes pauvre, sir Lively! vous êtes pauvre! oh! alors, c'est une affaire conclue. Adjugé pour cent livres! Montez le cheval de mon ami, et allons signer le contrat. Il n'est jamais trop tôt pour faire une bonne action. A cheval!

Copperas fit courir le mouchoir sur ses yeux, comme s'il eût essuyé des larmes d'attendrissement.

Et se tournant vers son ami, pendant que Lively fermait la porte de sa cabane :

— Comment le trouves-tu, lui dit-il, celui-là? Il est plus stupide qu'un Irlandais ordinaire; on pourrait en faire deux Irlandais.

John Lively leva ses yeux au ciel pour le remercier, monta à cheval et suivit la direction de Manchester. A l'angle du chemin de Stafford, il se retourna du côté de Birmingham, comme pour lui dire : A demain!

III

La dame du cottage.

Lorsqu'on traverse la campagne anglaise, on est étonné du nombre incroyable de troupeaux qui couvrent les pâturages; mais, ce qui étonne encore davantage, c'est l'absence des bergers. Il n'y a pas de bergers. On vous dit bien que cette profession pastorale a dù être supprimée depuis l'anéantissement des loups, mais cela n'explique pas assez l'anéantissement des pasteurs. D'ailleurs, le paysage y perd, la poésie bucolique aussi. Cependant, on m'a montré, sur la route de Crewe, un monsieur couvert d'une longue redingote bleue, à double collet, avec des bottes à l'écuyère, un castor de baronnet, un jabot, des gants, et une canne à pomme; ce monsieur était un berger, un Tityre anglais. En effet, il conduisait une douzaine de brebis à Crewe, et lisait le *Times*. Le berger anglais dédaigne donc la prairie, et ne hante que le grand chemin.

John Lively portait ce costume pastoral que je viens de détailler, lorsqu'il sortit d'Oxford, avec douze *bank-notes* de cinq livres en portefeuille; il avait dépensé le reste à Manchester, en diverses emplettes de première nécessité. Notre jeune homme avait quitté la voiture à Oxford, et envoyé sa malle de cuir pleine d'effets neufs, à l'auberge du *Lion-Rouge*, à Chepping-Wycombe. Il achevait son voyage à pied, et dans une sorte de déguisement.

A quatre heures du soir, il découvrit à l'horizon la chapelle bâtie sur la colline de Bucks, et les grands arbres qui bordent à droite le grand chemin. Il est inutile de parler des palpitations de son cœur et du trouble de son esprit. Il lui semblait que son amour grandissait avec la plaine, et qu'il embrassait, de toute l'immensité de l'horizon, ce cottage isolé, divin palais d'une femme. Un air tiède, et tout retentissant du murmure des arbres et du chant des oiseaux, l'accompagnait comme un céleste ami, et semblait apporter à son oreille d'exquises confidences d'amour. Qu'allait-il faire au cottage? il ne le savait pas; il n'avait point combiné de plan; sa jeune expérience lui disait que, dans les grandes occasions, l'homme doit se laisser faire par le hasard, cet habile régulateur de tout. Aussi, la moindre hésitation ne l'arrêta pas sur le seuil de la porte du cottage; il entra lestement, comme un piéton ordinaire qui vient se désaltérer, et demanda du porter d'un ton délibéré qu'il s'était noté artificiellement depuis Oxford.

Il s'assit épuisé de l'effort; il lui sembla qu'il avait rendu son âme dans un seul mot; sa tête reposait sur ses mains. Un pas léger et un frissonnement de satin le firent tressaillir; un bras d'ivoire s'allongea sous sa figure inclinée, et déposa sur la table une pinte de porter.

John Lively saisit d'une main convulsive l'anse qui luisait comme de l'argent neuf, et aspira le porter d'un trait; puis sa tête retomba sur ses mains.

Un instant après, il entendit encore le même pas et le même frôlement de robe, et un bras divin déposa sur la table une seconde pinte de porter. Oh ! cette fois, il se retourna vivement, mais il ne vit pas la figure de la femme. La mystérieuse inconnue marchait vers la porte ; elle s'arrêta sur le seuil et regarda le grand chemin : si elle se fût retournée, en ce moment, elle aurait surpris Lively dans une crise d'extase digne de pitié.

La dame regardait toujours le grand chemin, et Lively regardait la dame dans l'immobilité du ravissement ; elle ne se doutait pas que tant de silencieuse passion rugissait autour d'elle ; sa pose était pleine de nonchalance ; sa robe largement échancrée laissait à découvert les épaules, où deux tours d'un collier de jais se déroulaient capricieusement, comme une incrustation d'ébène sur une amphore d'albâtre. Cette robe était une de ces étoffes aériennes que l'Irlande envoie aux étalages d'Everington à *Ludgate-Street* : la soie voluptueuse et fluide accompagnait les ondulations du corps avec tant d'aisance, qu'on devinait que pas un pli de l'étoffe n'avait prémédité un mensonge et ne recélait une erreur.

L'arrivée d'un voyageur obligea la dame inconnue de rentrer au cottage. Son visage se révéla soudainement à Lively, comme le soleil quand il s'élance d'un nuage; elle illumina la salle; elle l'embauma comme un temple; elle sema des reflets d'or sur le bois et l'argile; elle ennoblit toutes les viles choses de sa profession. C'était une déesse qui demandait des autels aux mendiants de la grande route.

Le nouveau voyageur était un mendiant, et sans doute un habitué de la maison, car il s'assit, ne demanda rien, et fut servi avec une promptitude qui confondit John Lively. Bien plus, la dame lui présenta la pinte d'*hafnaff* avec un sourire divin. Le mendiant but et dit : Il fait bien chaud aujourd'hui. A l'instant, la dame lui servit une seconde pinte d'*hafnaff*.

— Il paraît, pensa Lively, que la seconde pinte est par-dessus le marché.

— Très-bon l'*hafnaff*, dit le mendiant, meilleur que le porter, et plus rafraîchissant en été.

La dame s'inclina, comme pour le remercier de ce compliment flatteur; le mendiant reprit son bâton à la porte, et sortit sans payer.

Lively saisit l'occasion au vol pour entrer en conversation.

— Madame, madame, il ne vous a pas payée, ce... voyageur !

— Oui, je le sais, dit la dame, avec un sourire céleste ; que puis-je lui demander ? c'est un pauvre voyageur.

C'était la première fois que Lively entendait cette voix. Jamais la brise du midi dans les pins de l'Irlande, l'harmonie des nuits sur les collines maternelles, la voix lascive des vagues de Kingston, cette voix qui vient des îles voisines, et meurt dans le golfe ; jamais les mélodies agrestes qui montent des lacs de l'Erinn n'avaient ravi le cœur de Lively, comme ces paroles qui venaient de glisser sur le velours rose des lèvres d'une femme. Il aurait voulu recueillir l'air odorant où s'était évaporé le son de cette voix musicale, sortie d'un timbre d'or. Il se tut avec une sorte de honte, car il aurait craint de profaner par son organe rude cette atmosphère retentissante encore d'une suave mélodie, cette enceinte sacrée, où l'ange avait laissé tomber un écho du ciel.

Il se leva, faible et tremblant, et présenta, les yeux baissés, une demi-guinée à la dame inconnue.

— Gardez votre argent, mon ami, lui dit-elle ; vous en aurez besoin.

Lively n'osa insister ; il sortit machinalement, et marcha, par instinct plutôt que par intention, sur la route de Wycombe. Il ne savait à laquelle de ses pensées donner audience ; elles lui arrivaient à flots, et chaque pensée avait un voile de mystère ; il ne rencontrait que l'inconnu. Au bout de toutes ses conjectures, il ne voyait jamais que deux vérités évidentes : une femme adorable et un amour désespéré.

Sur la porte du *Lion-Rouge* il trouva l'aubergiste, qui lui dit :

— Vous êtes John Lively, si je ne me trompe ?

Il regarda fixement l'aubergiste, et fit un signe affirmatif.

— Voilà une lettre pour vous, dit l'aubergiste.

Lively prit la lettre avec nonchalance, l'ouvrit, et lut :

Birmingham, 28 juin 1836.

« Sir John Lively,

» D'après les ordres que vous m'avez donnés, je
» me suis établi chez vous pour surveiller les tra-

» vaux que M. Copperas fait exécuter sur votre » colline. J'ai déjà eu trois disputes avec M. Copperas. A la première, il vous avait traité d'imbécile, devant moi; à la seconde, il avait insulté » mes chevaux; à la troisième, c'était plus grave. » Vous savez qu'il est convenu qu'il ne coupera » la colline que sur un côté, afin de vous laisser » une colline à peu près entière, sauf un petit » morceau. Pas du tout; je l'ai surpris, ce matin, » faisant des plans et un tracé pour couper votre » colline en deux parties égales. — Qu'allez-vous » faire, lui ai-je dit, Monsieur? vous oubliez nos » conventions; je ne souffrirai pas cela; je me » ferai plutôt couper en deux moi-même. Il m'a » menacé du poing, je l'ai menacé de deux, et » si ce n'eût été par respect pour votre cabane, je » l'aurais assommé comme un bœuf. — Si c'est » votre droit, faites-le valoir, m'a-t-il dit. — Bien! » ai-je répondu. Et j'ai couru à Birmingham, pour » amener deux *policemen*. Avant de repartir, j'ai » voulu vous écrire pour vous demander vos ordres. » Mes *policemen* sont prêts. Prompte réponse, » ou votre colline est perdue.

» Votre dévoué intendant,

» PATRICK. »

« Adressez votre réponse à Arthur Graves,
» cuisinier à *Royal-Hotel, New-Street,* à côté du
» théâtre, à Birmingham. »

— Que m'importe ma colline ? s'écria Lively en jetant la lettre de Patrick.

L'aubergiste s'avança et lui dit :

— Vous avez une réponse à me remettre ; le courrier va passer.

— Eh bien ! dit Lively, qu'ils en fassent ce qu'ils voudront.

— De quoi ?

— De ma colline.

— Quelle colline ?

— Au diable !... attendez... excusez-moi ; je suis distrait...

— Vous êtes malade ; voulez-vous une tasse de thé ?

— Donnez-moi du papier et une plume.

— Vous ne voulez pas de thé ?

— Non.

— Entrez au salon, vous trouverez ce qu'il faut pour écrire.

— C'est bien.

Lively écrivit :

« Mon cher Patrick,

» Laisse mettre ma colline en pièces, et ne te
» mêle plus de rien. »

— Voilà la réponse que vous me demandez, dit-il à l'aubergiste.

— Cette réponse est pour mon frère, je sais.

— Ah ! oui, c'est juste ! vous êtes le frère de Patrick ; excusez-moi, j'ai pris un coup de soleil ; et je n'ai pas ma tête à moi.

— Mon frère m'a déjà parlé de vous.

— Oui, oui, à propos de...

— A propos de cette dame de là-bas. J'ai pris des informations...

— Ah ! de nouvelles informations... Voyons, dites ; que savez-vous ?

— Il y a trois mois que cette dame a acheté ce cottage.

— Est-elle mariée ?

— Elle vit avec un vieux monsieur qu'elle appelle son père.

— Un vieux monsieur ? très-vieux ?

— Soixante ans.

— Qui est son père ?

— A ce qu'on dit.

— Après ?

— Elle dépense beaucoup d'argent à sa toilette.

— Elle gagne donc beaucoup ?

— Elle ne gagne pas mal ; mais elle donne à boire gratis à tous les mendiants de la route ; ce qui fait qu'il y a, par-ci par-là, quelques riches fermiers avares qui vont boire au cottage, et ne paient pas. Moi, je la crois folle.

— Folle, parce qu'elle est charitable !

— C'est une idée que j'ai. Je ne crois pas les aubergistes charitables.

— Mais c'est une femme ! Savez-vous bien ce que c'est, une femme ? un ange ? une providence de grand chemin ?

— Oui, oui ; quand on paie, je suis une providence aussi ; mais quand on ne paie pas, je fais mettre en prison.

— Voilà tout ce que vous savez ?... Je vous remercie... Faites-moi conduire à ma chambre ; j'ai besoin de repos. Je vais essayer de dormir un peu.

— Vous trouverez votre bagage dans votre chambre, n° 19. Je vous souhaite une bonne nuit... Vous ne soupez pas ?

— Non, j'ai bien dîné, là-bas... avec du porter... Bonne nuit !

Le lendemain, c'était un dimanche. Lively, délivré de ce sommeil agité qui continue les émotions de la veille, ouvrit sa croisée, pour faire sa prière du matin. Le paysage qui se déroulait devant lui était magnifique. Plaines et collines verdoyaient au soleil levant ; le village de Wycombe, couronné de tuiles rouges et riantes, et tout empanaché de tilleuls et de peupliers, semblait avoir revêtu un habit de fête. La grande route, bordée d'arbres et semée d'ombres flottantes, courait jusqu'à Bucks, dont le château dormait encore dans sa vaste alcôve de verdure. Le dimanche était écrit dans l'air : fête à la terre, fête au ciel.

Lively descendit à la salle basse, où l'aubergiste, déjà levé, lui servit une jatte de lait chaud et le félicita sur sa tournure de gentleman. Lively était habillé comme un riche manufacturier de Manchester ; il avait des projets de visite.

— Sir Lively, dit l'aubergiste, si vous fussiez descendu une heure plus tôt, vous auriez vu passer la belle dame en calèche, avec deux chevaux de poste.

Lively laissa tomber la jatte de lait sur la table, et il ouvrit la bouche pour faire une exclamation ; mais sa langue se colla aux lèvres.

— Sir Lively, prenez ce verre de wisky, dit l'aubergiste, vous êtes pâle comme la mort.

— Elle est donc partie ! dit le jeune homme avec un effort de voix éteinte.

— Cela me rappelle, sir Lively, une chose que je ne vous ai pas dite hier soir, et que je ne sais que depuis trois jours... Prenez ce verre de wisky... voici... Le dimanche, la belle dame ferme le cottage, et passe la journée à Londres ; on dit qu'elle va entendre la messe à l'église de la Cité...

— Elle est !...

Lively tomba de faiblesse sur un fauteuil.

— Elle est catholique ! murmura-t-il tout bas.

— Catholique, comme vous et moi ; mais moi, je ne vais pas à la messe ; je suis aubergiste.

— Elle est catholique !... Oh ! c'est un ange du ciel ! Dieu devait un miracle au pauvre enfant de la pauvre Irlande ! Dieu a pris pitié de moi ; il m'a choisi, entre tous mes frères qui souffrent, pour me donner un peu de ce bonheur qui accable tant d'hommes indignes de lui ! Elle est catholique !... elle devait l'être ; j'aurais dû le deviner ; la prédestination rayonne dans ses yeux.

Lively se leva dans le délire de l'exaltation...

— Je dis, s'écria-t-il...

L'aubergiste accourut.

— Un cheval ! donnez-moi un bon cheval ; en deux heures, je puis être à Londres, n'est-ce pas ?

— Oui, sir Lively. Je vais vous donner un cheval dont vous serez content.

— Londres ! je ne croyais plus le revoir ! Oh ! qui se flattera de pouvoir conduire sa vie ? La vie est entre les mains de Dieu !... Vite ! vite ! votre cheval !... point de selle ; donnez-le-moi nu, sans bride...

— Il n'a pas bu...

— Il boira l'air. Vite ! vous dis-je ; chaque minute de retard m'ouvre une veine.

— Voilà !... j'ai donné l'ordre, on vous le prépare ; un peu de patience, sir Lively ; l'an prochain, vous aurez le chemin de fer qui passera là, devant vous.

— Elle est catholique ! Oh ! femme sainte et bénie !... Elle observe les œuvres de miséricorde ; elle donne à boire à ceux qui ont soif !... Ah !

voilà le cheval ! merci... Où puis-je descendre, dans la Cité, près l'église catholique ?

— A *Wite-Horse,* dans le *Cheapside.* L'aubergiste est Irlandais.

— Justement mon cheval est blanc, je ne l'oublierai pas.

Et il s'élança comme le vent, sur la route d'Uxbridge.

En entrant à Londres, Lively fut obligé de ralentir le pas de son cheval. Comme il passait devant l'église, au clocher aigu, qui ferme *Regent-Street,* un *policeman* lui cria de chevaucher plus décemment, pour respecter la sainteté du dimanche. Il aurait fallu voir quel torrent de mépris tomba de la face de l'Irlandais à cette recommandation qui sortait d'une bouche impie.

— Je respecte la sainteté des lois, dit-il fièrement ; et il mit son cheval au pas.

De quel regard il contempla cette tristesse que donne le dimanche à la Babel des hérésies ! Comme il tressaillait de pitié en écoutant, sur son passage, les cloches de Saint-Martin et de Sainte-Marie-du-Strand, qui appelaient les infidèles à l'autel des iconoclastes !

— La prostitution même s'est mise à l'ombre aujourd'hui! dit-il; à quel saint exilé du ciel adresse-t-elle aussi sa prière de dérision?

Enfin, de désert en désert, il arriva dans le *Cheapside*, et de là il ne fit qu'un bond à l'église catholique de la Cité.

C'était comme au temps de Dioclétien. Quelques fidèles se glissaient furtivement sous le porche et semblaient avoir peur de leur religion, dans cette ville où Rome a baptisé cinq cents églises; où l'on aperçoit de la seconde arche de *London-Bridge* cinquante clochers qui furent catholiques. John Lively entra, la tête haute, dans ces catacombes modernes, et s'agenouilla sur le parvis. Sa première pensée fut pour Dieu; la seconde..... Il rougit de honte de traîner sa passion dans le temple saint.

Six cierges brûlaient sur un autel indigent; quelques lambeaux de tenture cramoisie pendaient aux pilastres du sanctuaire; un vieux Christ, largement percé au cœur par Longin et Henri VIII, était enseveli dans l'ombre de l'abside. Un prêtre, à cheveux blancs, comme le Marcellin de la première persécution, monta les marches de l'autel et commença l'*Introït*. On entendait, par les vitres brisées, le son lent et lugubre de la cloche de Saint-Paul, qui demandait pardon à Dieu pour les hommes.

Le jeune Irlandais ne jeta pas un seul regard autour de lui. Il suivit les prières de la messe, versets par versets, comme s'il n'y avait eu dans l'église que le prêtre pour célébrant et lui pour acolyte. A l'*Ite missa est*, il crut entendre comme une voix intérieure qui lui disait : « Ton sacrifice est sublime, et Dieu t'en tiendra compte un jour. »

La messe dite, il se leva et jeta un rapide coup d'œil dans l'église : elle était presque déserte ; aussi, du premier coup d'œil, il aperçut à six pas de lui la belle et sainte inconnue qui priait. Sa mise était d'une simplicité qui pouvait passer pour de la négligence ; elle avait enfoui la richesse de ses cheveux sous un bonnet de tulle, sans grâce et sans fleurs ; elle portait une robe de l'étoffe la plus grossière et des mitaines de filet noir. Lively ne l'aurait pas reconnue, s'il l'avait moins aimée ; heureux de lui avoir donné un seul regard, il sortit de l'église, et l'attendit dans la rue. Le quartier était désert.

Il n'attendit pas longtemps. Lively la vit se lever sous le porche, comme l'étoile de la mer; mais il se sentit chanceler, lorsque la ravissante inconnue le regarda fixement avec un léger sourire. L'Irlandais se troubla ; sa figure se contracta de rires et se mouilla de larmes ; puis, cédant à une inspiration qu'il n'avait pas le temps de peser, il s'avança vers la dame du cottage, et, moitié pantomime, moitié paroles décousues, il lui offrit son bras.

— Je vous ai vu prier à l'église, et j'accepte, dit la dame. Donnez-moi le bras jusqu'à *Post-Office*.

— Jusqu'au bout du monde, dit Lively à voix basse.

— Monsieur a le bonheur d'être catholique ?

— Oui, Madame.

— Irlandais, n'est-ce pas ?

— Oui, Madame.

— Je ne sais pas si je me trompe, mais il me semble que je vous ai vu quelque part.

— C'est possible, Madame.

— Je ne vous ai jamais vu à la messe, le dimanche, à notre église ?

— Je n'habite pas Londres ordinairement.

— Vous avez de belles églises, à Dublin ?

— Oui, Madame.

— Ici, la nôtre est dans un état déplorable. Si j'avais quatre mille livres, je les donnerais pour la rendre digne du culte.

— Mais, Madame... quatre mille livres, à Londres, ce n'est pas difficile à trouver...

— Oui, chez les non-conformistes, chez les dissidents ; mais chez les catholiques, c'est impossible.

— Oh ! pourquoi impossible ?

— Monsieur, si j'avais un million, je ferais beaucoup de largesses de ce genre. Par exemple, je ferais rebâtir Notre-Dame-des-Sept-Douleurs sur la colline de Bucks.

— Oui, moi aussi, j'aime beaucoup la colline de Bucks.

— Ah ! la richesse est une belle chose, quand on s'en sert pour gagner le ciel.

— Oh ! oui, la richesse est une belle chose ! je voudrais avoir tout l'argent qui dort là, tout près, dans *Royal-Exchange*, pour le mettre aux pieds de quelque divinité terrestre qui se chargerait de mon salut.

— Monsieur, je vous remercie bien de votre complaisance ; voilà *Post-Office*, je suis chez moi.

Lively salua, balbutia quelques paroles, et, trop délicat pour espionner une femme qui garde quelque réserve avec un inconnu, il se retourna brusquement vers Saint-Paul.

— Còmbien me reste-t-il dans mon portefeuille, dit-il..... Cinquante guinées !... Avec cela il faut gagner quatre mille livres sterling ! C'est difficile, mais Dieu est grand !

IV

Un convive.

John Lively était assis à table dans la salle à dîner de *Wite-Horse*. Il mangeait par habitude et non par besoin. A son côté s'ébaudissaient quelques-uns de ces joyeux convives qui mangent et boivent à heure fixe, et dont l'épiderme est à l'épreuve du chagrin, comme la cuirasse est à l'épreuve du menu plomb.

La salle retentissait de ces paroles nauséabondes qu'on appelle les charmes de la conversation. Chacun voulait user de son dimanche, jour d'abstinence pour le travail et d'intempérance pour la parole. Les deux voisins de Lively, surtout, faisaient une grande consommation de phrases dans cette orgie de propos; ils paraissaient pourtant avoir dépassé l'âge des folies; on les aurait même pris pour deux hommes sages avant le dîner. Lively n'eût pas voulu écouter ce qu'on disait à ses oreilles ; il lui semblait qu'il commettait une indiscrétion ; il écoutait donc comme il mangeait, sans le savoir.

— Oui, mon cher, disait l'un ; il a suivi mon conseil, et il a bien fait.

— Ah ! certes, il a très-bien fait, disait l'autre ; je l'ai rencontré l'autre soir, au foyer de Drury-Lane, avec ses quatre maîtresses, comme un grand Turc ; quatre femmes grandes comme moi, avec des robes de cachemire, et des pieds comme ma main.

— Mon Dieu ! il pense sagement ! Il est jeune et il est riche ; il fait litière de *bank-notes* ; il boit du claret comme nous de l'eau : il dîne trois fois la semaine à *Star and Carter*, à Richmond, avec ses quatre maîtresses, où il dépense vingt livres comme nous dépensons ici trois shillings. C'est un vrai Mahomet, un petit Byron.

— Et qui plus est, Highgate est son bourg-pourri ; nous le verrons aux Communes aux prochaines élections. Il a acheté la moitié d'une rue à Highgate ; vous savez, depuis le *Club-Room* jusqu'au pont qui passe sur la route de Belford. Ce mauvais sujet de Mawbrick ne donnerait pas maintenant sa fortune pour deux cent mille guinées; il a une action dans la brasserie Barclay qui lui rapporte deux mille livres.

— Il a aussi une bonne qualité, Mawbrick; c'est la reconnaissance. Il se souvient qu'il me doit sa fortune; et voici un fait qui l'honore : le mois dernier je fus un peu gêné aux échéances; il me manquait dix mille livres sterling; je lui écrivis un petit mot, et il me les envoya par son domestique.

— Ah! c'est très-beau! je ne connaissais pas ce trait.

— J'en fus si touché, moi, que je voulais le faire annoncer dans les papiers publics; il s'y opposa, lui, parce que, me dit-il : « Cela vous portera tort. » Je cédai.

— Très-bien!

— Vous avez poussé aussi le petit Shoffield, vous!

— Comment donc! vous savez qu'on parle de lui pour remplacer sir William Bentinck aux Indes.

— Possible?

— Le lord-chancelier le protége et il sera nommé. Shoffield a acheté l'autre jour, au comptant, soixante colonnes du *Quadrant* et la moitié de *Regent's-Circus*. L'an dernier, il n'avait pas un shilling, pas un penny.

— Je le crois bien ! il avait mangé tout son patrimoine avec cette fameuse Betty de *Long acre*, une femme qui a dévoré trois fils de lord.

— Shoffield m'emprunta trente livres pour acheter une action sur un *Fly* qui allait d'Humgerford-Market à la Tour. Au bout de la semaine, il avait doublé son argent, au bout d'un mois il avait acheté le *Fly*; il le vendit et acheta un arpent de terrain à *Tottennham-Road*, qu'il vendit le lendemain à un boucher d'Hampstead six mille livres. Une fois parti comme ça, vous savez que la fortune vous pousse sur un *rail-way*; il n'y a que le premier million qui donne de la peine. Shoffield est aujourd'hui un Sardanapale. Je l'ai rencontré hier soir, devant le *Zoologycal garden* : il était avec deux écuyères d'Athsley, dans une calèche de Milne, ce fameux carrossier d'*Egdward-Road*, vis-à-vis Hyde-Park.

— Et notre ami Storr, aussi, comment a-t-il commencé ?

— Avec rien.

— Avec moins. Je lui prête un souverain, il va au club de Crawtord, dans le *Strand*; il gagne mille livres au creps, bien. Il sort, et va manger des écrevisses chez Moss. Bien. Il rentrait chez lui par *Leicester-Square*, lorsqu'il entend tinter des couronnes au second étage d'une maison du *Square*; il monte et gagne six mille livres en un instant; en six parolis, comme disent les Français. Il sort, et va manger un rumsteack et du saumon fumé, au coin de *Castle-Street*. Bien. Il ne s'arrête pas là. — « Puisque j'ai été heureux deux fois, dit-il, j'irai à trois; courons au salon de Piccadilly. » On jouait là un jeu d'enfer. Il y avait trente femmes, trente soleils : ces femmes l'animent; il gagne dix mille livres, et donne vingt guinées à chacune; elles le portèrent en triomphe à *Marlborough-Street*, où il demeurait. Le rusé coquin n'a plus joué. Il s'est mis dans le commerce, et aujourd'hui c'est un nabab...

Ce convive s'arrêta court, et prenant un air amical :

— Faites-moi le plaisir, dit-il à Lively, de me faire passer le jambon.

— Très-volontiers, dit Lively qui avait fini par s'intéresser à cette conversation, d'autant plus qu'elle n'avait pas du tout l'air d'être improvisée pour lui.

— Vous n'en prenez pas de jambon, vous, Monsieur? dit le convive à l'innocent Lively.

— J'en prendrai.

— Je vais vous en couper une tranche ; à Londres, le jambon est exquis.

— Exquis.

— Vous n'êtes pas de Londres, vous, Monsieur?

— Non ; je suis... du Lancashire.

— Ça vaut bien le Kent. Les femmes sont fort belles dans le Lancashire. Monsieur est sans doute un armateur de Liverpool?

— Non, je voyage pour mon plaisir et pour mon instruction.

— Heureux! heureux! C'est bien employer sa jeunesse. Excusez-nous, Monsieur... monsieur?

— Lively.

— Monsieur Lively, excusez-nous ; nous avons fait beaucoup de bruit à votre côté ; nous vous avons étourdi d'un bruit de paroles. Eh ! que faire le dimanche? Il faut manger, boire et parler. Parler, c'est ce qui coûte le moins.

— Mais, Monsieur, vous m'avez fait, au contraire, beaucoup de plaisir. J'aime les histoires des gens qui font fortune.

— Oh! nous vous en raconterions à l'infini de ces histoires-là. Qui ne fait pas fortune aujourd'hui?

— Moi.

— Vous, sir Lively; avec votre âge, votre figure, votre position, vous ferez fortune quand vous voudrez, si vous ne l'avez pas faite déjà... Mais brisons là; c'est par complaisance que vous écoutez cette conversation : parlons d'autre chose... Mon Dieu! que le dimanche est ennuyeux! on ne sait que dire; on épuise tous les sujets. On parle de ses affaires, ce qui est permis; mais on parle aussi des affaires d'autrui, ce qui souvent est défendu par la stricte probité.

« Voilà un parfait honnête homme, se dit Lively, et un homme bien amusant en conversation. »

Après le dîner, le convive amusant se leva et dit à Lively : « Monsieur, vous m'avez fait l'honneur de me dire votre nom ; je vous dirai le mien : je suis Saint-Alban, Anglais de la vieille roche, puisque Alban est un saint anglais. Je dîne tous les jours à *Wite-Horse*, et j'ai mon comptoir dans Cornhill, ici tout près, devant la banque. Si vous avez quelque opération en tête, demandez Saint-Alban au premier cocher. Adieu, Monsieur. »

Il sortit avec son ami.

Lively s'accouda sur la table, et donna un libre cours à ses pensées.

« La richesse a été inventée par le démon, se disait-il à lui-même, et pourtant il faut être riche pour vivre ! Est-il heureux ce M. Saint-Alban ?... Si j'avais 4,000 livres je serais plus heureux que lui ! Oh ! oui... 4,000 livres ! Je ne puis maintenant que répéter ces trois mots... avec 4,000 livres, je commanderais un maître-autel de marbre blanc, un tableau de Notre-Dame-des-Sept-Douleurs à un peintre de Paris, six chandeliers d'argent, un ostensoir de vermeil, un calice d'argent, un ornement de soie brodée en or pour les fêtes de première classe, un ornement plus commun pour la semaine, et un autre de laine fine, blanche et noire, pour les messes de mort. Avec mes 4,000 livres, notre église catholique serait un bijou ; et j'irais au cottage, et je dirais à la belle dame : Regardez maintenant cette église, voyez comme elle est riche et décente : eh bien ! c'est votre lot.

» Et je l'épouserais le lendemain ! »

Lively ne parla plus qu'en soupirs, toute la soirée. Il essaya de penser pour prendre un parti pour le lendemain ; mais il ne sut à quoi se résoudre. Il voulut rafraîchir son front à l'air du soir ; mais à peine eut-il mis les pieds sur le *Cheapside*, qu'une mélancolie intolérable lui arriva des quatre points de l'air : il ne vit que des rues immenses et sans peuple, une Thèbes rebâtie et exilée au désert par ses habitants. La nuit descendait, sourde et orageuse. Le gaz prodiguait des trésors de lumière aux briques rouges des façades et aux marteaux de cuivre poli ; le gaz avait la bonté d'éclairer le néant. Rien de triste comme ce silence, cette solitude, et ce jour inutile sous le dôme plat et noir de la nuit.

John Lively rentra à *Wile-Horse*, pour y attendre le jour, et demander au soleil une favorable inspiration.

Il trouva bientôt dans sa chambre un ami sur

lequel il ne comptait pas, et qui le prit en traître — le sommeil; — il ne rêva que millions, banque, fortune, torrents de guinées où il s'abreuvait; églises de marbre qu'il bâtissait; cottages pavés de pierreries; nuages de *bank-notes*; arabesques de diamants; il se réveilla pauvre et nu.

« Avec cinquante livres, dit-il, je serai mangé par Londres en quatre jours; on peut vivre une quinzaine de plus à Wycombe, et... la voir!... Point de faiblesse; vite, à cheval! et à Wycombe! Vive le soleil, c'est lui qui donne de l'énergie au cœur! »

Et il descendit à la salle pour prendre du thé.

M. Saint-Alban déjeunait à la fourchette.

— Ah! vous voilà! monsieur Lively, s'écria-t-il familièrement, et serrant la main du jeune homme: Voulez-vous déjeuner avec moi?

— Oh! vous êtes bien honnête... Monsieur... je ne sais comment...

— Allons, mettez-vous là; je déjeune à la mode française, moi: il me faut de la viande froide le matin, une friture avec un verre de punch glacé. J'ai pris ces habitudes à Paris, lorsque je traitais l'emprunt Aguado pour la reine d'Espagne.

— Moi, je prends du thé habituellement.

— A votre fantaisie, sir Lively..... c'est bien, on va vous servir du thé... Avez-vous lu les papiers, sir Lively?

— Non, Monsieur.

— Il paraît que nous avons la guerre avec les Birmans. Cela m'inquiète; j'ai des fonds à Jagrenat..... Sir Lively, que faites-vous après déjeuner?

— Après déjeuner..... mais..... je me promène, je..... fais..... Que fait-on à Londres après déjeuner?

— On fait tout; chacun suit ses petites habitudes de digestion. Moi, je vais à mon petit club de *Chandos-Street*: un véritable club d'amis, le club de Socrate. Nous sommes là quelques banquiers; il y a des hommes charmants: nous secouons un instant la poussière du comptoir. Nous causons; nous traitons une affaire; nous faisons un whist, un whist léger, pour passer le temps, à une livre la fiche, deux livres. Ah! nous ne sommes pas joueurs, dans le commerce! La première vertu d'un commerçant, c'est la haine du jeu. Sir Lively, si j'ai un conseil à vous donner, ne jouez jamais!... Vous ne prenez rien après le thé, sir Lively?

— Absolument rien, monsieur Saint-Alban.....

— Que faites-vous donc, sir Lively? laissez-moi donc payer... Remettez votre portefeuille en poche... justement, il faut que je change un billet de *five pounds*..... Ah! je ne changerai pas mon billet! Je me trouve fort heureusement une demi-guinée sur moi. Voici... Maintenant, mon bonheur est de traverser *Fleet-Street* et le *Strand* dans toute leur longueur. Je flâne, comme dit le Français. Arrivé à la hauteur d'*Agar-Street* je prends à droite, j'entre dans *King-William*, et je tombe dans mon petit club *Chandos-Street*. C'est une promenade un peu longue, comme vous voyez; voulez-vous la faire avec moi?

John Lively, comme tous les hommes de la nature, subissait, à son insu, l'ascendant impérieux d'un homme de société. Ce ton décidé, ces allures hardies, ce langage dominateur avaient cent fois plus de puissance qu'il n'en fallait pour entraîner un ingénu campagnard. Lively, d'ailleurs, se sentait honoré, tout fier qu'il était, de marcher en compagnie d'un homme qu'il regardait comme son supérieur de tout point. Il s'inclina devant le génie de Saint-Alban, et sortit avec lui.

Que Dieu sauve Lively!

V

Le club de Socrate.

Saint-Alban conduisit Lively à son petit club de *Chandos-Street*, et le présenta à trois banquiers graves et d'un âge assez avancé.

John Lively s'inclina devant ces millionnaires et jeta un coup d'œil rapide dans la salle. Ce club ne brillait pas par l'ameublement : chaises et tables étaient d'un bois fort commun; il n'y avait de remarquable que deux statues de plâtre tricolore qui avaient l'intention de représenter Wellington et Napoléon, couronnés de lauriers.

— Vous voyez que c'est bien simple, dit Saint-Alban à Lively; le strict nécessaire. Nous appelons cela notre club du matin. Le soir, nous allons au grand club de *Pall-Mall*. Oh! ici nous avons nos coudées franches; c'est nous qui l'avons fait bâtir; les six colonnes d'ordre Pœstum de la façade nous ont coûté deux mille livres. Elles sont en marbre sombre des carrières du Lancashire, votre pays. Voulez-vous bien vous asseoir, sir Lively?

Saint-Alban se tourna vers un des banquiers, et lui dit :

— Qu'avez-vous fait cette nuit au club de Westminster, sir Clayton?

— J'ai perdu.

— Beaucoup?

— Non; une misère, mille livres. J'aurais dû en perdre quatre. On n'a jamais joué d'un malheur pareil... Figurez-vous que j'ai perdu douze *robs*.

— Vraiment!

— Je perds toujours, moi; toujours. Mais fort heureusement je ne joue que pour m'amuser. Vous, Saint-Alban, c'est tout le contraire; vous avez fait un pacte avec la fortune.

— Il est vrai, sans vanité, que je suis assez heureux.

— D'ailleurs, vous jouez bien : vous ne perdez jamais un point par votre faute.

— Eh bien! avant-hier, chez le duc de Sunderland, j'ai perdu un *rob* par une singulière distraction ; on avait épuisé les *atouts* ; il ne restait plus que le *roi* et le *neuf* ; j'avais le *roi*... Connaissez-vous le jeu, sir Lively ?

— Moi... mais... oui... un peu...

— Bien !... j'avais le *roi* et cinq *levées* ; j'oublie de faire *atout* et *passe-cœur* ; je joue *cœur*, on me le coupe ; nous étions quatre à quatre, et je perdis le *trick*. Cela me fit une différence de cent vingt livres, de la perte au gain.

— Oh ! le meilleur joueur a ses distractions.

— Mon Dieu ! oui... Ah ! voilà midi qui sonne à Saint-Martin... Il faut que j'aille à un rendez-vous aux bureaux de *Regent's-Circus* ; il y a une réunion des actionnaires de l'entreprise des voitures de Windsor.

— Est-ce que vous ferez un petit *rob ?* Le *rob* de midi, comme nous l'appelons.

— Diable !... c'est qu'il est fort tard... Aurons-nous fini à une heure ?

— A une heure, on vous remplacera. Notre monde va venir. Samedi, nous étions cinquante-sept à midi et demi : je vous comptais.

— Allons, soit, un petit *rob*... Mais, je vous préviens, à petit jeu.

— Une livre la fiche... C'est bien modeste.

— C'est singulier, entre amis je n'aime pas jouer gros jeu. Vous savez, sir Lively, que nous ne jouons ici que le *whist* à trois ; c'est une mode que j'ai rapportée de France.... Voulez-vous faire un troisième, sir Lively, ou bien voulez-vous prendre une action dans mon jeu?

— Oh! je ne suis pas assez fort pour jouer, et...

— Voulez-vous être mon associé? Vous me donnerez des conseils; perte ou bénéfice, nous partagerons.

— Je veux bien.

Et il se dit tout bas : — Au fond, je ne risque pas grand'chose : si je perds, je serai ruiné quelques jours plus tôt; si je gagne, je vivrai quelques jours de plus.

— Sir Saint-Alban, dit Lively, est-il bien nécessaire que je reste ici pendant le jeu?..

— Oh ! indispensable ! Comment donc !... si j'ai un coup scabreux, je veux être corroboré de la présence de mon associé.

— C'est que je suis appelé par une petite affaire

là tout près, derrière Saint-Martin, à l'office des *Coaches* de *Golden-Cross*.

— L'affaire d'un instant, n'est-ce pas ?

— D'un instant.

— Ne vous gênez pas, sir Lively, nous commencerons sans vous ; nous sommes à cinquante pas de *Golden-Cross*... Il est donc convenu que nous sommes associés ?

— C'est dit... au revoir dans l'instant.

La partie commençait lorsque Lively quitta le club de Socrate.

John Lively courut à l'office de *Golden-Cross*, dans l'espoir d'y rencontrer Patrick, qui devait avoir repris la grande route, à la réception du dernier billet. En effet, on lui dit que le cocher Patrick était arrivé à onze heures, et qu'aussitôt il avait été obligé de courir au *Cheapside* pour une affaire des plus importantes.

— Au *Cheapside !* dit Lively ; c'est moi qu'il cherche ; il ne peut chercher que moi.

Deux partis se présentaient : attendre le retour de Patrick à l'office ; ou remonter le *Strand* jusqu'à *Temple-Bar*, en allant au-devant de lui. John

Lively prit le parti des impatients. Il se jeta dans le *Strand*.

Au coin de *Wellington-Street*, il rencontra Patrick qui descendait le trottoir au galop.

— Patrick ! — Sir Lively !

Et quatre mains se serrèrent. Un lord qui venait de manger un homard sur le pouce, à la poissonnerie d'Adelphi, s'arrêta net, tout scandalisé de voir un gentleman serrant la main d'un cocher.

— Ah! sir Lively, dit Patrick, que de choses !... Venez ; allons sur *Waterloo-Bridge*, nous serons plus libres pour parler... Ah ! sir Lively !

Lively était muet ; son silence seul interrogeait.

— D'abord, je vous annonce que M. Copperas devient fou ; il ne peut pas se tirer des marécages, mais il est têtu comme un Anglais. Il va couper votre colline en deux ; vous l'avez permis : c'est bien ; je ne me plains pas ; je vous ai obéi ; vous êtes le maître de votre colline. Quand je suis parti, cent ouvriers travaillaient sur elle, à coups de pioche, comme des démons.

— Ensuite, ensuite, Patrick ?

— Voici la suite : ce matin, en passant à Bucks, j'ai vu le cottage... Vous savez, ce cottage?...

— Oui... oui...

— Entouré de monde. Il y avait sur la porte un vieux monsieur qui pleurait ; il y avait un homme de loi qui écrivait sur une table, et une grande quantité de pauvres gens, hommes et femmes, qui disaient : « C'est une horreur ! nous l'assommerons ; oui, nous l'assommerons, ce M. Igoghlein ! » — Qu'est-ce que M. Igoghlein ? ai-je demandé à quelqu'un. — C'est l'ancien propriétaire du cottage, m'a-t-on répondu. Madame O'Killingham lui doit encore cent cinquante livres, et elle ne peut pas les payer. Madame O'Killingham est à Londres ; on l'attend pour la mettre en prison.

— En prison, pour cent cinquante livres !

— Attendez un peu... Il y avait aussi un jeune homme de bonne tournure, qui disait au vieux monsieur : « Tenez, voilà mon portefeuille, il y a trois cents livres ; payez et envoyez promener cette canaille. Je me charge de la chasser à coups de cravache, moi. » Et le vieux monsieur baissait les yeux et repoussait le portefeuille. On disait dans la foule : « Ce jeune homme, c'est M. William Beasley, du château de Bucks ; c'est l'amant de madame O'Killingham. »

— On disait cela, Patrick?

— Ne faites pas attention, sir Lively ; la foule ne sait jamais ce qu'elle dit. Moi, je me suis avancé alors, et j'ai dit à l'homme de loi : « Attendez jusqu'à ce soir ; M. Igogblein sera payé. » J'ai pensé à vous, sir Lively, j'ai couru chez mon frère, à Wycombe ; vous étiez parti pour Londres ; j'ai crevé mes chevaux, et me voici. Il faut sauver madame O'Killingham.

— Oh ! s'écria Lively, si j'avais la force de sauter par-dessus ce parapet, je serais déjà dans la Tamise.

Et il tomba de faiblesse sur une banquette de pierre du pont.

— Ce n'est pas pour rien qu'on a fait des parapets de cinq pieds de haut... Sir Lively, tranquillisez-vous... Il y a de l'espoir... Combien vous reste-t-il des cent livres de M. Copperas?

— La moitié.

— Je vendrai mes chevaux.

— Tais-toi, Patrick ; tu me tues !... Cent cinquante livres !... toujours de l'argent !... toujours !... Patrick, il me reste une ressource... accompagne-moi jusqu'à *Chandos-Street*... j'ai là des fonds engagés dans une entreprise. Dieu m'aura été favorable, peut-être..... Viens avec moi... tiens-toi prêt, à cheval, tout prêt à partir.

— Tout à vous, sir Lively.

Le jeune Irlandais, appuyé sur le bras de Patrick, arriva bientôt à la maison du club ; il monta lentement l'escalier pour se remettre et se composer un visage. D'une main convulsive il ouvrit la porte et marcha silencieusement vers la table de jeu.

— Ah ! vous voilà, dit M. Saint-Alban, votre absence a été bien longue, mon cher associé. Devinez ce que nous faisons ?

— Nous perdons ! dit Lively d'une voix émue.

— Non, sir Lively, nous gagnons cent livres ; j'ai joué d'un bonheur inouï. Je donne des revanches à ces messieurs... L'assemblée de *Regent's-Circus* est renvoyée à demain ; cela me donne du loisir... Si je gagne le *rob*, nous gagnerons cent quarante livres... Asseyez-vous donc, sir Lively.

— Ne prenez pas garde...

— Voyons ; tout dépend de ce coup... J'ai trois points... Il me faut les *honneurs*, et j'ai gagné ; c'est la dernière partie. Nous partagerons cent quarante livres, probablement..... De quoi retourne-t-il ?... Du carreau !... C'est ma couleur favorite. Mon *mort* n'est pas beau : voyons le *vivant*... Quatre d'honneurs contre moi ?... et le *trick ?* J'ai perdu... Vous me portez malheur, sir Lively ! voilà notre bénéfice réduit à soixante livres !...

— Oui, je vous porte malheur ; cela ne m'étonne pas... Continuez, continuez, monsieur Saint-Alban, je vais faire un tour de promenade au parc Saint-James.

— Voulez-vous tenir mon jeu?

— Non, non ; jouez ; je suis à vous dans la demi-heure.

— Vous paraissez inquiet, sir Lively ?

— Moi ; oh ! non !... Il fait très-chaud ici... je vais respirer sous les arbres.

— Nous irons dîner à *Sceptre and Crown* à Greenwich.

— Où vous voudrez, monsieur Saint-Alban. A bientôt.

— Ou à *Blake-Hall,* si vous aimez mieux.

Lively était sorti. Patrick l'attendait en estafette devant *Saint-Martin-Court.*

— Avez-vous les cent cinquante livres? dit-il à Lively.

— Je vais les avoir dans quelques instants... Descends de cheval, Patrick.

— Non, j'irai voir à *Withe-Horse*, s'il ne vous est rien arrivé de Wycombe. J'ai recommandé à mon frère de vous écrire sur-le-champ, s'il y avait du nouveau.

— Oui, bien pensé; va, je te rejoindrai ici.

— Ah! monsieur Lively! je voyais bien, moi, que cette pauvre femme se ruinerait; depuis trois mois elle désaltère gratis l'Angleterre et l'Irlande, et il fait bien chaud cet été.

— Pars, cours au *Cheapside*, mon ami.

— Comme le vent, sir Lively, regardez-moi, je vais écraser les omnibus.

Lively, resté seul, marcha au hasard, pour consommer une demi-heure; à chaque minute il consultait les quatre cadrans du clocher de Saint-Martin, qui, tous, semblaient avoir arrêté leurs aiguilles sur le même point. Il regardait autour de lui pour découvrir quelque existence fiévreuse en harmonie avec la sienne. Autour de lui tout était calme, hommes et maisons. Des ouvriers taillaient des pierres sur la place de Trafalgar; des cochers dormaient sur leurs siéges ; un frotteur polissait la grille à candélabres de fer qui protége les murs de Saint-Martin; les Anglais bâillaient nonchalamment derrière leurs vitres luisantes comme de l'acier poli ; les omnibus se croisaient à l'embouchure du Strand ; quelques Français regardaient la statue équestre de Charles Ier, ou la façade vénitienne du palais de Northumberland, surmontée d'un chien qui se croit lion ; un concierge demandait un shilling à l'étranger qui entrait au Musée pour voir des tableaux absents ; deux *policemen* examinaient les gravures au coin de la galerie vitrée du Strand ; des courtisanes en haillons et à gants jaunes, tourbillonnaient au soleil en mangeant des colimaçons crus ; un vieillard automate promenait un placard de *Hat-Washable* que personne ne lisait ; c'était une foule sans cohue, une agitation sans bruit, une lumière sans éclat, un travail sans ferveur, une prostitution sans volupté, une vie morte ; c'était le cœur de Londres, grande artère qui n'a point de sang.

Si le bonheur n'est que l'absence du malheur, disait Lively, tous ces gens-là sont plus heureux que moi, et pourtant je ne les envie pas.

Et il monta au club de Socrate, bien résolu, cette fois, à partager le bénéfice, quel qu'il fût.

Comme il allait ouvrir la porte, il entendit un grand tumulte dans le club ; il lui sembla que les banquiers se disputaient vivement ; la voix de Saint-Alban dominait les autres voix.

— Ce n'est pas pour moi que je plaide, disait-il, c'est pour mon associé, un digne jeune homme que je ne connais que d'hier, et que je regarde comme mon fils.

— Oh ! entrons vite, dit le généreux Lively.

— Bien ! s'écria Saint-Alban, vous voilà fort à propos, sir Lively. Ces messieurs sont strictement dans leur droit, je commence par le reconnaître... Laissez-moi parler, monsieur Spiegalt. Nous avons donné trois revanches à ces messieurs, sir Lively ; maintenant la fortune a tourné ; nous demandons une seule revanche, une seule ; ces messieurs la refusent net, sous prétexte qu'ils ont une affaire dans la Cité. Diable ! j'avais une affaire moi aussi, et pourtant je me suis montré délicat.

— Nous avons donc perdu? dit Lively tremblant.

— Peu de chose ; mais c'est la délicatesse que je juge et non la perte.

— Combien ? dit Lively.

— Cent livres chacun. Donnez cent livres à M. Spiegalt, et brisons là.

La cervelle tinta dans la tête de l'Irlandais.

— Cent livres ? dit-il comme un écho qui redit ce qu'on lui jette.

— Oui, dit Saint-Alban ; si vous n'avez pas la somme entière, je comblerai le déficit, et vous me rembourserez à *White-Horse*.

Lively, comme un homme qui survit à lui-même, tira machinalement son portefeuille de sa poche et dit : — Voilà cinquante livres...

— C'est bon ! dit Saint-Alban ; je réponds du reste... jusqu'à demain.

Lively sortit de sa stupeur par une crise d'émotion. Il se précipita sur les mains de Saint-Alban et les serra tendrement.

— Vous me sauvez l'honneur, lui dit-il en pleurant.

Saint-Alban se retourna pour essuyer quelques larmes qui ne coulaient pas.

— Excusez-moi si je vous quitte, dit Lively. On m'attend à *Saint-Martin-Court*. Où vous reverrai-je pour vous remercier ?

— Ce soir, au foyer de Drury-Lane ; je dîne à Greenwich.

— Je serai à Drury-Lane. Mille grâces, monsieur Saint-Alban : je vous ai porté malheur.

— Bah ! ne soyez pas superstitieux comme ça, nous prendrons notre revanche demain.

Lively courut, aussi lestement qu'il put, à *Saint-Martin-Court*, et trouva Patrick à cheval, tout prêt à partir.

— Ruiné ! ruiné ! mon cher Patrick ! Criblé de dettes, pour comble de malheur !

— Que dites-vous, sir Lively ?

— Ruiné ! te dis-je ; descends de cheval, descends... c'est maintenant que je me jetterais à la Tamise, si je n'avais une dette d'honneur à payer !

— Et la dame du cottage ?

— Ah ! tais-toi, Patrick ; tais-toi !... Londres maudit, ville de frotteurs et d'impies ! Quel démon m'a poussé dans ce tas d'ordures passé au vernis ?

— Voulez-vous que je vende mes chevaux ?

— Oui ; va te ruiner pour moi ; je me vendrais plutôt ! N'achète-t-on pas les hommes dans cette ville où l'on achète tout ?... As-tu quelques nouvelles de Wycombe ?

— Non ; il n'y a rien... L'aubergiste de *White-Horse* m'a dit qu'un monsieur était venu vous demander.

— Moi ?

— Oui.

— Qui peut me demander ?... Personne ne me connaît à Londres .. Ce monsieur reviendra-t-il ?

— Il a dit qu'il reviendrait.

— Quitte ton cheval, et allons à *White-Horse* ; nous verrons... j'ai besoin d'un compagnon ; viens avec moi, je ne veux pas être seul.

— Sir Lively, je vous suivrai partout.

— Bon Patrick !

Arrivés à *White-Horse*, on leur dit que le monsieur n'avait pas reparu.

Attendons, dit Lively ; et s'asseyant sur la pierre de la porte, il se plongea dans ses réflexions.

A l'heure du dîner, l'aubergiste remit à Lively une lettre qui venait d'arriver. Elle était du frère de Patrick, l'aubergiste de Wycombe. En voici le contenu :

« Sir Lively,

» Vos affaires vous ont sans doute retenu à
» Londres. Mon frère doit vous avoir dit ce qui

» s'est passé au sujet d'une dame irlandaise qui
» vous intéresse. Elle vient d'arriver au cottage.
» M. Igoghlein a été inflexible ; cependant il a
» consenti à donner un répit de vingt-quatre
» heures, si je servais de caution à madame O'Kil-
» lingham. J'ai pensé à vous, et j'ai donné caution.
» J'espère que vous ne me laisserez pas dans
» l'embarras. C'est un service que je vous rends
» à vous ; je ne m'intéresse pas, moi, aux femmes
» folles qui se ruinent en toilette, et qui font
» manger leur bien au premier venu qui veut le
» boire.

» THOMAS HELYER. »

« *P.* S. Demain à midi, il faut que vous m'ap-
» portiez cent cinquante livres et mon cheval. »

— Patrick, dit Lively, aujourd'hui tous les démons anglais conspirent contre moi. J'en mourrai, c'est sûr. Il me faut deux cents livres demain ! La mort est plus facile à trouver. Fais-moi enterrer en terre sainte, Patrick.

— Vous n'avez aucune idée dans la tête, sir Lively ?

— Quelle idée veux-tu que j'aie ? Est-ce qu'on paie ses créanciers avec des idées ?

— Je sais bien ; mais une idée vaut de l'argent quelquefois.

— Deux cents livres !

— Mangez, sir Lively, vous avez besoin de prendre des forces.

— Oui... et il faut que j'aille à Drury-Lane ce soir. Oh ! il le faut ! que dirait ce bon M. Saint-Alban ?... Cet homme peut me sauver !... Oui !... il s'intéresse à moi ; il est riche ; je m'ouvrirai à lui ; que sont deux cents livres pour un banquier ?... A quelle heure s'ouvre Drury-Lane ?

— A sept heures, je crois..... Vous avez de l'espoir sur M. Saint-Alban ?

— Un grand espoir.

— Tant mieux !

— C'est un millionnaire de la Cité... il faut bien enfin que la Providence fasse quelque chose pour moi !

— Ce serait juste.

— Et tardif... voilà qui est arrêté ; je dévoilerai tout à Saint-Alban. Rien ne calme le sang comme une résolution prise ; je respire, je renais !

A l'heure du spectacle, Lively ramassa quelques débris épars de sa petite fortune, une livre et quelques shillings, et il prit le chemin de Drury-Lane.

L'Irlandais ne donna aucune attention à cette salle magnifique toute décorée de tentures écarlates, tout éblouissante de lumières et de colliers de diamants; il resta sourd à la musique, au chant, aux applaudissements de la salle; il ne cherchait que Saint-Alban; il faisait ouvrir toutes les loges, montait, descendait, remontait haletant, pâle, convulsif, ne pouvant pas trouver son espoir, ne coudoyant que des inconnus joyeux, sortes d'échos ambulants qui répétaient les refrains du théâtre. Emporté par la foule de l'entr'acte, il tourne autour de la balustrade circulaire de l'escalier, et entre au foyer avec toute l'ardente jeunesse qui roulait des vomitoires. Là, il recula d'effroi, de surprise, de pudeur, d'admiration. Il se crut transporté dans la salle du festin de Balthazar, telle que Martyn l'a rêvée; il crut voir sortir de leurs tombeaux toutes les courtisanes de Babylone; il s'imagina qu'on allait commencer une de ces orgies dévorantes, où l'insulte de la terre provoquait le tonnerre du ciel. Cent femmes, dans tout l'éclat cynique de la beauté, vêtues comme des reines sur leur trône, parées des dépouilles des deux Indes, la flamme aux yeux, l'incarnat aux joues, l'impudeur sur le front, le sourire aux lèvres, allaient, venaient, s'asseyaient, se levaient avec des frémissements de satin et de velours, emportant après elles, devant elles, au milieu d'elles, des flots de jeunes gens ivres et fous, victimes dévorées par ce tourbillon vivant de cheveux blonds, de frais visages, de bras nus, de pierreries, de soie, de parfums ! — Oh ! s'écria Lively, mon Dieu ! donne-moi un instant ; il y a un juste dans Gomorrhe ; le feu du ciel va tomber, et je ne veux pas périr avec eux !

Et il glissa légèrement sur l'escalier blanc et poli comme du satin, les yeux fermés pour ne plus rien voir. Au péristyle, il s'arrêta devant la statue de Shakespeare, et lui dit : — C'est donc pour ce peuple, ô William ! que tu as créé Ophelia !

Tombé dans le *Strand*, Lively se fit cette question : — Que suis-je venu faire à Drury-Lane ?

Dix heures sonnaient à Sainte-Marie.

— Ah ! M. Saint-Alban ! dit-il... Oui, je me souviens ; allons au club de Socrate, il y sera.

Il monte l'escalier du club, et ouvre la porte. Un seul flambeau éclairait la petite salle ; elle était déserte. Un domestique dormait.

Lively le réveille.

— Mon ami, lui dit-il, M. Saint-Alban viendra-t-il ce soir ?

— Saint-Alban, dit le domestique en ouvrant les yeux ; je ne le connais pas.

— Ce monsieur qui jouait au whist, ce matin, ici.

— Eh bien ! je ne le connais pas.

— Et les autres banquiers, les connaissez-vous ?

— Non ; c'est la première fois que je les vois.

— Ce n'est pas le club de Socrate, ceci ?

— Non. Il n'y a point de Socrate ici.

— Samedi, il n'y avait pas cinquante-sept banquiers à midi et demi ?

— Il n'est venu personne, samedi.

— Mais ce n'est pas un club...

— C'est un *club-room* pour fumer.

— Savez-vous que j'ai perdu cent livres, ce matin ?

— Ah ! oui, je vous reconnais ; vous êtes sorti deux fois ; ces messieurs m'avaient dit de me mettre à la fenêtre pour les avertir quand je vous verrais venir.

— Et en mon absence que faisaient-ils ?

— Ils riaient, ils chantaient, ils lisaient les journaux...

— Ils ne jouaient pas ?

— Non. Ils prenaient les cartes quand vous arriviez.

— Je suis volé !... Plus d'espoir ! plus d'espoir !

Il frappa son front et sortit.

VI

Un article de journal.

C'était l'heure où Londres est plein de lumières et de ténèbres, comme un écu immense, écartelé de sable et d'or. Les ténèbres tombent du ciel et s'arrêtent aux toits des maisons basses ; la lumière monte des pavés et s'arrête aux toits. John Lively, pâle comme un mort galvanisé, se mêla au tourbillon de fantômes qui descendaient silencieusement aux bocages du parc Saint-James. A *Portland-Place*, le soleil hydrogène, à mille rayons, qui blanchit la colonne du duc d'York, comme une planète, jeta ses gerbes de clarté joyeuse dans ce troupeau d'ombres errantes ; elles descendirent, ces tristes ombres, l'escalier babylonien de *Carlton-House*, en passant devant la sentinelle qui protége les orgies calmes et muettes du jardin royal.

John Lively, sous les allées du parc, se secoua vivement, comme pour se délivrer d'un rêve affreux : il vivait de deux existences; l'une l'accablait de sa réalité désespérante ; l'autre était toute pleine des tableaux incohérents du songe ou de la folie. Aux lueurs du gaz répandues sous les arbres, et qui semblaient tamisées à travers un crêpe violet, John Lively découvrit, autour de lui, un monde nouveau, sans forme et sans nom ; tous les squelettes anglais de la prostitution ténébreuse défilaient devant lui, en lui montrant des visages hideux sur lesquels le sourire du métier faisait craquer un reste d'épiderme comme du parchemin. Des nuages de haillons couraient sous les arbres et semblaient quelquefois prendre des formes de femmes, comme les nuages fantasques du ciel dans un crépuscule d'orage ; des murmures gutturaux, soupirs des sépulcres, tintaient dans l'air ; on n'entendait ni bruit de pas, ni bruit de voix : ces êtres glissaient comme des apparitions sur le sable des allées ; ils appartenaient à un sexe inconnu, et pourtant, au pâle reflet du gaz, on voyait, par intervalles, luire un visage charmant, enveloppé de guenilles, comme une rose épanouie dans une toile d'araignée. Rien ne donne une plus exacte idée des lieux profonds auxquels toutes les religions condamnent les âmes en peine. C'était l'Élysée au bord du Léthé, ou les Limbes des chrétiens morts avant le baptême. A travers le rideau des arbres, on voit étinceler les ondes ridées de la grande pièce d'eau, comme un fleuve de l'enfer païen, et de l'autre côté, l'œil s'arrête sur les colonnades thébaines de *Carlton-Terrace,* le palais sans roi.

John Lively poussa le cri d'Hamlet devant le fantôme. A ce cri, un *policeman* accourut et menaça l'Irlandais de la prison s'il continuait le rôle d'Hamlet. Le mot de prison, peu usité dans les rêves, rappela notre jeune homme aux réalités de la vie; il s'élança sur l'escalier, et sortit du parc Saint-James pour aller où Dieu le conduirait. Il passa sous la voûte sombre du vieux palais, au moment où l'horloge sonnait minuit, cette horloge qui sonna l'agonie de Charles Ier devant *White-Hall.* L'Irlandais courait dans *Parliament-Street* comme Oreste poursuivi par les furies; et toujours, et partout, il retrouvait ces tourbillons d'âmes folles, ces processions de fantômes, ces guirlandes de haillons, ces ruisseaux de prostitution fétide qui changent les nuits de Londres en nuits de l'Érèbe et du Ténare. Il remonta vers *Charing-Cross*, et les rêves l'accompagnaient encore; ils s'acharnaient sur ses pas; ils l'étreignaient de leurs images fantastiques. Le gaz joyeux leur prodiguait sa lumière. Un croissant de lune les favorisait comme il eût fait pour des scènes d'amour; des palais superbes; des jardins frais et recueillis servaient de cadre à tant d'incroyables scènes, et honoraient leur misère du voisinage de leur opulence. John Lively, parfois arrêté sur le large trottoir resplendissant de gaz, et absorbé dans une méditation qui le rendait fou, se croyait transporté dans une autre planète, et regardait tourner la terre dans la profondeur des cieux. L'aube, qui rend la raison aux imaginations délirantes, lui rendit aussi les soucis cuisants de la veille; les rêves se retirèrent devant les premiers nuages dorés par l'aurore, et Lively se réveilla face à face avec la réalité de son malheur et de son néant.

Il monta lentement les rues qui conduisent au *Cheapside*; un seul homme était debout dans la rue immense, où le gaz s'éteignait par respect pour l'aurore. Cet homme était Patrick.

Le cocher irlandais avait veillé sur *Waterloo-Bridge* pour prévenir un suicide; à l'aube, il était rentré dans la Cité, le désespoir au cœur. Deux cris de joie retentirent dans la rue solitaire. Les deux amis s'étaient embrassés.

— Vivant! vivant! s'écria Patrick.

— Oui, dit Lively; vivant, comme un cadavre qui marche!

— Et qui ressuscitera! dit Patrick; j'ai cent livres sur moi; elles sont à vous.

— Cent livres! Patrick... Qu'as-tu fait pour les avoir?...

— J'ai vendu mes chevaux, hier.

Lively serra Patrick sur sa poitrine.

— Il nous manque cinquante livres, Patrick.

— Mon frère nous les avancera : M. Igoghlein sera payé avant midi.

— Oui, c'est bien! cours à Wycombe, prends la voiture de *Golden-Cross*; délivre cette femme, ne parle pas de moi, surtout : qu'elle ignore la source du bienfait.

— C'est entendu.

— Je t'attends à Londres, moi; les heures seront des siècles; mais après ces siècles, le calme et le bonheur peut-être.

— Une idée! sir Lively, je veux aller voir M. Copperas, à Stafford; je lui emprunterai de l'argent; je lui parlerai des chemins de fer avec enthousiasme, il sera mon ami, je serai le sien. Je m'engagerai à travailler pour ses marécages pendant un an.

— Bon Patrick! va, pars, suis tes inspirations, adieu. Avant tout, vois ton frère à Wycombe, et sauve une femme de la prison.

— A demain, sir Lively.

Un espoir vageu de bonheur tranquillise l'homme le plus désespéré. Dans les terribles circonstances de la vie, tout devient planche de salut; on s'y cramponne, et on respire un moment; le moindre rayon est un soleil.

A huit heures, Lively fut appelé par son nom, dans le vestibule de *White-Horse*. L'aubergiste montait l'escalier :—Sir Lively, dit-il, ce monsieur qui est venu vous demander hier deux fois, est encore là. Voulez-vous lui parler?

— Je descends, dit Lively. Si c'est M. Saint-

Alban, poursuit-il à voix basse, qui vient réclamer ses cinquante livres, je l'assomme d'un coup de poing, et j'en demande pardon à Dieu.

Ce n'était pas Saint-Alban, c'était Copperas.

— Ah! sir Lively, dit Copperas en étendant ses mains vers lui, je vous demande à tous les échos de Londres. Où diable vous enterrez-vous? On m'a indiqué votre domicile à Wycombe, et je viens vous faire une petite visite en passant.

— C'est bien de la bonté, monsieur Copperas, dit Lively froidement.

— Il est bientôt neuf heures, sir Lively; voulez-vous accepter une tasse de chocolat, chez Verey, à Regent's-Street?

— Je vous accompagnerai, monsieur Copperas.

— Vous n'avez jamais pris du chocolat chez Verey? On y est fort bien; c'est le seul café de Londres. Je vous montrerai mademoiselle Grisi qui arrose tous les matins ses fleurs, sur le balcon, en face de Verey. Aimez-vous le talent de Grisi? Fréquentez-vous *King's-Theatre?* Avez-vous entendu Grisi chantant :

Son vergin verrosa
In veste di Sporra.

dans les *Puritains*, *I Puritani?* Allons, venez donc, enfant. A propos, nous allons bien là-bas, sur la colline ; nous marchons. Le marécage se dessèche. Nous ferons un mille à terrain sec. Il est fâcheux, sir Lively, que vous n'ayez pas un acre de terre végétale de ce côté, vous le vendriez comme une mine d'or... Tenez-vous toujours à votre petite cabane ?

— Toujours, monsieur Copperas.

— Une hutte de Lapon, un wigwam de Mingo. Enfin, n'importe ; vous y tenez. Si vous n'y teniez pas, je vous l'aurais bien payée vingt livres. Elle ne vaut pas dix shillings, convenez ?

— J'y tiens et je la garde.

— Gardez, gardez. Voyons, que faites-vous à Londres, sir Lively ? Comment nous amusons-nous ? Fréquentons-nous le théâtre ? Hantons-nous les clubs ? Avez-vous dîné au Club de la Réforme ? on y dîne royalement. J'y ai vu O'Connell, le mois dernier : il mange très-bien. Savez-vous que chaque Irlandais lui donne un *penny* par semaine à O'Connell, ce qui lui constitue un revenu de quatre mille livres par mois. Hein ! si nous avions cette fortune-là, nous ne creuserions pas la terre avec nos griffes... Savez-vous que votre colline est dure comme du bronze ? Nos ouvriers y perdent leurs hoyaux. C'est du fer, de l'airain... Enfin, nous en viendrons à bout... Et que ferez-vous de ces deux tronçons de colline que nous vous laisserons ?

— Que voulez-vous que j'en fasse ?

— Je ne sais pas, moi ; au lieu d'une colline, vous en aurez deux ; vous vous promènerez comme le colosse de Rhodes, un pied sur chaque tronçon.

— Je me promènerai.

— Avec nos marécages, la terre nous manquera ; c'est un pays de plaines ; il nous faut de la terre pour dessécher le marais... Ah ! il me vient une idée !... Cédez-nous ces deux moitiés de colline, ces deux tronçons.

— Pourquoi voulez-vous que je les cède ?

— Oh ! mon Dieu ! si vous voulez les garder, gardez-les ; au fond, ce que je vous en donnerais, d'ailleurs, ne vaudrait pas la peine que vous me cédassiez votre bien.

— Et que m'en donneriez-vous, monsieur Copperas ?

— Diable ! cela ne s'improvise pas... Je ne suis

pas préparé à la demande... Voyons, que peuvent valoir ces deux monticules de gravier ?... Rien... rien du tout... Je vous en donne trente livres...

— C'est trop peu !

—Trente livres chaque tronçon, cela fait soixante livres !

— Trop peu.

— Voyons ; faisons une petite affaire... entrons chez Verey ; nous prendrons du chocolat... Tenez, voilà le balcon de mademoiselle Grisi.

Vien diletto in ciel e luna.

Il faut que je vous conduise aux *Puritani*. Et quel duo !

Suoni la tromba intrepido !

Et la romance

Lasciate mi morir !

Grisi est ravissante... voilà son balcon, avec des fleurs... Il faut que je vous présente à Rubini... vous l'entendrez quand il chante

Non parlar di lei ch' adoro
Di valor non mi spoliar.

Et Tamburini, oh !

Del sogno beato !

Êtes-vous nerveux, sir Lively ? la musique me crispe, moi !.. Comment trouvez-vous le chocolat?.. Excusez-moi, j'ai oublié... ah ! nous parlions de votre colline... je vous donne cent livres de votre colline et de vos deux tronçons... c'est une folie ! que voulez-vous ? le chocolat me monte à la tête !... cent livres ? qu'en pensez-vous?

— Je pense.

— Pensez... voulez-vous du beurre frais ?... du beurre d'Hampstead, de Cricklewood, d'Highgate, du beurre exquis?

— Merci... j'ai pensé... voici ma réponse, monsieur Copperas. Hier, j'ai rencontré un monsieur qui m'a parlé absolument comme vous ; on vous prendrait pour son frère. Hier, j'ai été... trompé... excusez le terme... vous me parlez de mademoiselle Grisi, des *Puritains*, de *King's-Theatre*, que sais-je, moi ? de tout... cela me met en garde ; je suis vieux depuis hier ; j'ai vingt-quatre heures d'expérience, et c'est beaucoup pour un montagnard irlandais... vous êtes adroit, monsieur Copperas, mais vous avez le malheur d'arriver après M. Saint-Alban...

— Quel est ce M. Saint-Alban, sir Lively ?

— Un homme qui m'a gagné cent livres au whist.

— Cela n'a rien de commun avec moi... je ne joue jamais... Vous disiez donc...

— Je disais que votre proposition me paraît suspecte, à vous parler franchement. Je crois que votre visite cache un but que je ne comprends pas, mais qui existe. Certes, j'ai besoin d'argent, mais je refuse net vos cent livres.

— Sir Lively, croyez-vous par hasard que j'ai découvert une mine d'or dans votre colline ?

— Je ne crois rien ; je me tiens en garde ; je ne vois maintenant partout que des Saint-Alban.

— Que vous connaissez peu les hommes, sir Lively !

— Oh ! je les connais très-peu, c'est vrai.

— Vous êtes jeune ; vous reviendrez de vos jugements. Convenez pourtant qu'il y a une conduite déraisonnable à se méfier d'un homme qui offre cent livres en échange de rien. Sir Lively, je veux faire une épreuve sur le cœur humain... Voulez-vous accepter deux cents livres ?

— Non.

— Trois cents ?

— Non.

— Ah ! voilà de la folie !...

Lively mit sa tête dans ses mains.

— Monsieur Copperas, dit-il ; vous m'offrez trop pour que j'accepte.

— Et si je veux faire votre bonheur, m'en empêcherez-vous ? Mais dans quel siècle vivons-nous donc ? Il n'y a donc plus de culte pour la philanthropie ! On ne peut donc faire une offre d'obligeance sans être suspect aux yeux de l'obligé !... Sir Lively... je ne vous dirai plus qu'un mot, mais après ce mot, je me retire et vous laisse à vos remords. Notre société a besoin de votre terrain ; notre société est millionnaire ; elle ne veut laisser sur son chemin aucun propriétaire froissé, aucun agriculteur spolié. Comprenez-vous ? Elle veut que le *rail-way* coure au milieu des bénédictions du *Lancashire*. Ma dernière offre est de cinq cents livres. Acceptez-vous ?

— Je vous demande une heure de réflexion.

— Prenez garde que je ne réfléchisse aussi, moi, et que je ne revienne à cent !

— Où m'attendez-vous, monsieur Copperas ?

— Au *Quadrant*.

— Je reste chez Verey.

M. Copperas sortit.

C'était l'heure de la distribution des journaux de France et d'Angleterre. Les garçons du café éparpillaient sur les guéridons les feuilles encore humides. John Lively saisit la première venue et qui se trouvait, par hasard, la plus intéressante pour lui, puisqu'elle venait du comté. Cette feuille était *Liverpool-Review*. Il la parcourut négligemment, et arrivant à l'article *Rail-way*, il lut la nouvelle suivante :

« On vient de découvrir, sur le *rail-way* d'embranchement de Manchester, une mine de houille, dans une colline appartenant à M. John Lively. C'est au hasard qu'on doit cette découverte si importante pour les services qu'elle peut rendre à la localité, puisqu'elle approvisionnera les convois. Le *rail-way* passera dans le vallon formé par la coupure de la colline. On estime à cent mille livres sterling cette propriété. »

John Lively garda son sang-froid, après cette lecture; il jeta les regards autour de lui, pour voir si quelque mystificateur ne lui avait pas fait passer le journal : il relut l'article et examina la date ; la feuille était datée de la veille.

Si c'est un miracle, dit-il, il arrive fort à propos ; mais ne nous réjouissons pas : c'est maintenant que nous allons voir ce que dira M. Copperas. Son arrivée et ses propositions concordent bien avec le journal ; si je me trompe cette fois, je ne fais plus de conjectures de ma vie, voyons !

Au bout de *Regent's-Street*, et sous la première arcade du *Quadrant*, il trouva Copperas, et se composa un visage sans émotion.

— Eh bien ! sir Lively, dit Copperas, avez-vous fait vos réflexions ?

— Oui.

— Acceptez-vous les cinq cents livres?

— Non, monsieur Copperas.

— C'est donc fini entre nous ?

— Si c'est fini avec vous, je recommence avec un autre.

— Croyez-vous qu'un autre sera plus généreux que moi ?

— Je le crois.

— Et combien estimez-vous donc cette propriété ?

— Je l'estime ce qu'elle vaut.

— Et que vaut-elle ?

— Cent cinquante mille livres sterling.

— Un grand éclat de rire de Copperas ébranla la voûte du *Quadrant*.

John Lively croisa les bras et attendit la fin de l'éclat de rire.

— Avez-vous assez ri, monsieur Copperas ?

— Oh ! laissez-moi recommencer, sir Lively.

— Recommencez... et maintenant, lisez cet article de *Liverpool-Review*, et allez le rendre au café de Verey... Ah ! vous ne riez plus, monsieur Copperas !...

— Écoutez, sir Lively ; tôt ou tard, vous auriez appris cette nouvelle, et nous sommes trop délicats pour avoir voulu spéculer sur une surprise. Je voulais seulement vous engager, par une avance, à traiter avec la société, sauf ensuite à terminer à un prix raisonnable, et sur le pied d'une estimation faite par experts. J'espère que vous ne vous fierez pas à l'estimation du journal.

— Non, mais je crois que ma colline vaut maintenant plus de cinq cents livres.

— Sir Lively, promettez-moi de ne traiter

qu'avec nous et sur l'estimation de vos experts et des nôtres, et je vous livre sur-le-champ mille livres sterling.

— Oh ! j'accepte, cette fois.

— Nous signerons demain le contrat. Voilà mon portefeuille ; vous y trouverez mille livres, dont vous voudrez bien me faire un petit reçu pour la forme.

— Très-volontiers ; je reconnais toujours avoir reçu ce qu'on m'a donné.

— A quelle heure nous reverrons-nous demain?

— Je quitte Londres à l'instant, et vous me trouverez demain matin à dix heures, au *Lion-Rouge*, à Wycombe.

— Très-bien ! et serrons-nous les mains, sir Lively.

— De tout mon cœur. Adieu.

VII

Dernier acte.

Au *Cheapside !* cria Lively à un cocher d'Hay-Market, et il ouvrit l'armoire du cabriolet *Patent-Safety,* et il s'y blottit, serrant son portefeuille contre son cœur.

Le bonheur qui tombe comme la foudre est étourdissant comme le malheur ; le bonheur étonne même davantage, parce que l'homme sage n'y compte jamais. Une fortune inespérée ne donne pas au cœur de soudaines extases, comme le croient les infortunés qui attendent ; elle suspend les fonctions de l'esprit, et communique une sorte d'inquiétude : il semble que cette conversion subite du destin cache un piége, et qu'on va rebondir du haut de la roue, dans la fange où l'on végélait.

Je cours de rêve en rêve, se disait Lively, mais je crois que le dernier est beau. Je crois aussi que tout ce qui m'entoure ne dort pas, et que je vois parfaitement les objets au clair du soleil ; il n'y a jamais du soleil dans les rêves. Je pourrais bien être parfaitement réveillé, quoique je n'aie pas dormi la nuit dernière... Mon cabriolet court comme le vent... il me réveillerait si je dormais..... Voilà bien Sommerset-House..... Voilà bien Sainte-Mary..... Voilà Saint-Clément, avec son joli clocher couronné de dentelles... Voilà Temple-Bar... Voilà l'église de Saint-Dunstan..... Voilà l'autre église Saint-Martin de *Ludgate-Street*... Voilà Saint-Paul, noir à la tête et blanc aux pieds..... Jamais rêve n'a été aussi exact ; tout est bien à sa place... je ne dors pas... Voilà le coin de *Post-Office*, où j'ai quitté dimanche cette adorable femme... Voilà le Cheapside... Oh ! je suis réveillé ! je suis riche ! je suis heureux ! Pardon, mon Dieu ! j'ai douté !... Dieu sauve l'Irlande !... Cocher ! arrête-toi devant l'église de Bown.

Il donna sa dernière couronne au cocher, et courut à *White-Horse*. Par des émotions ainsi graduées, il était arrivé au délire de la joie. Londres lui appartenait.

— Mon ami, dit-il à l'aubergiste, où trouve-t-on des chaises de poste toutes prêtes ?

— A louer ? dit l'aubergiste.

— Oui.

— Dans tous les *livery-stables*... Chez M. Cross, à *Witcomb-Street*, elles sont excellentes, ou chez Newman, à *Regent's-Street*.

— Quel est le prix de la poste ?

— Un shilling et demi par mille, et trois pences par mille aux *Post-Boys*.

— Je donnerai le double... Ah ! si ce bon Patrick n'avait pas vendu ses chevaux...

— C'est moi qui ai acheté les chevaux de Patrick.

— C'est toi !... où sont-ils ? les as-tu revendus ?

— J'allais les revendre ; je les avais achetés par complaisance, par amitié... par...

— Bien ! bien !... vingt livres de bénéfice, et donne-les-moi... et vite, vite ! la chaise de poste, les quatre chevaux de Patrick ; mon cheval blanc de Wycombe à la portière, avec un domestique à livrée..... une demi-heure pour tout apprêter.

Voilà vingt livres en sus pour les premiers frais, et cinq livres de gratification pour toi...

Après avoir donné ses derniers ordres, Lively ne fit qu'un bond de *White-Horse* à l'église catholique, il se prosterna sur le pavé du temple et pria devant l'autel d'une chapelle... En levant les yeux, il vit un vieux tableau représentant un évêque avec l'auréole des saints ; au bas du cadre on lisait : *Saint Alban, évêque et martyr de l'Église d'Angleterre.*

— Grand saint ! s'écria Lively ; glorieux frère de Thomas qui fut assassiné sur les marches de l'autel de Cantorbéry, c'est toi qui as intercédé pour moi auprès de Dieu ; que ton nom soit béni !

Et il déposa cinquante livres dans le tronc de la chapelle :

— Je les dois à l'homme, dit-il, et je les paie au saint.

Tout était prêt devant *White-Horse*, chevaux, chaise, postillon, domestique, piqueur. Lively s'élança dans la voiture, en criant : — A Wycombe ! route d'Uxbridge ! suivez le vent !

— La chaise traversa Londres au vol ; les chevaux de Patrick, agiles comme des hippogriffes, foulant la route connue, et flairant leur maître dans l'air, laissaient, à chaque bond, des arpents de rue après eux. Londres, cette ville qui s'éternise et se perpétue en faubourgs, en cottages, en jardins, et arrache tous les jours une prairie à la campagne, Londres avait enfin expiré aux limites de son ambition ; on eût dit que les chevaux lançaient des épigrammes contre le chemin de fer qui naissait sur la route de Birmingham. Onze heures sonnaient au clocher d'Uxbridge, et cette délicieuse ville aurait pu passer aux yeux de Lively pour un faubourg de Londres, tant l'espace intermédiaire avait été promptement dévoré ! Voir Uxbridge et l'atteindre de leurs seize pieds, ce fut l'affaire d'un instant pour les chevaux ; tout à coup, les intelligents animaux hennirent en quatuor, et s'arrêtèrent tout court sur le pont, comme si le pont avait eu cinq arches d'aimant. Un homme arrivait d'Uxbridge sur la tête du pont ; c'était Patrick.

— Mes chevaux ! s'écria-t-il avec un accent du désespoir, et il fit un mouvement pour se précipiter dans la rivière.

— C'est moi, Patrick ! s'écria Lively.

A ce cri le cocher s'élança sur le parapet, et du parapet dans la calèche découverte :

— C'est vous ! vous ! sir Lively, avec mes chevaux.

— Avec tes chevaux ! ils sont rachetés ! ils sont à toi !

— C'est donc un miracle, sir Lively ?

— Un miracle de Dieu !

— Oh ! sir Lively ; mon frère n'est pas mon frère ; il a refusé les cinquante livres. Dans une heure, la dame du cottage... Il faudra revendre mes chevaux.

— Non, non, Patrick ; je suis riche, je suis un lord ; Dieu a jeté tout exprès pour moi une mine de houille dans ma pauvre colline. J'ai des millions. Le Lancashire est à moi !.. A Wycombe ! à Wycombe ! cria-t-il au postillon, et plus vite que jamais ! Eh bien ! Patrick, tu es immobile comme une statue ; tu me regardes avec des yeux vitrés !... Que veux-tu ! j'étais arrivé à la limite du malheur, il fallait bien un changement.

— Vous avez des millions, sir Lively ?

— Oui, mon ami, et tu vois que je ne suis pas

fier... L'industrie est une belle chose, n'est-ce pas?

— Une chose admirable, sir Lively.

— Et les chemins de fer! qu'en penses-tu? comme ils conduisent promptement un homme à la fortune!

— C'est vrai. Vive le chemin de fer!

— Je te ferai nommer inspecteur de l'embranchement...

— Et que fait-on quand on est inspecteur?

— Rien du tout.

— On inspecte cependant?

— Si on inspectait, on ne serait pas inspecteur. On reçoit deux cents livres par an, et on les mange à Londres. Ce métier te plaît-il?

— Et mes chevaux?

— Tes chevaux vivront en bourgeois, en rentiers : je leur achèterai une prairie à Witmore; ils brouteront jour et nuit, et regarderont passer les wagons.

— Vous arrangez tout... Laissez-moi vous regarder, sir Lively... vous êtes beau comme le fils aîné d'un lord... Comme la richesse change un homme!... Vous avez six pieds, milord Lively.

— Patrick, connais-tu ces deux peupliers qui forment un W, là-bas, à l'extrémité de la route?

— Ce sont des peupliers comme les autres.

— Non, Patrick; c'est l'initiale de Wycombe dans l'air.

— Crevez mes chevaux! s'écria Patrick.

— As-tu gardé tes cent livres?

— Elles sont là, sur ma poitrine, et timbrées avec mon scapulaire.

— Ce M. Igoghelein est donc un chien...

— N'insultez pas les chiens, sir Lively!... J'ai fait proposer cent livres à ce démon de créancier, cent livres! les deux tiers de la dette! Il a refusé.

— Misérable!... il aura tout, aujourd'hui, et la honte par-dessus le marché! Voilà Wycombe!

— Je suis à vos ordres, milord Lively.

— Porte ces cent cinquante livres à ton frère; il fera de l'obligeance à peu de frais. Moi, tu m'attendras au *Lion-Rouge*... Je vais aller au cottage à cheval.

Jamais le paysage dessiné par la main de Dieu, dans cette campagne, n'avait paru plus beau à Lively. Son cœur se fondait de joie et d'amour. Quel obstacle pouvait-il craindre encore? La Providence lui traçait un chemin de fleurs. Sa pensée était pleine d'azur et de sérénité comme l'horizon. Il sentait en lui une satisfaction délicieuse; il y avait une fête dans son cœur.

Les abords du cottage étaient déserts et silencieux. Il descendit de cheval, avec inquiétude; ce calme l'effrayait. Il ne s'étonna point de trouver la porte fermée, parce qu'il présuma que, dans l'état de ses affaires, madame O'Killingham avait suspendu ses libéralités.

Un cri perçant qui partit de l'intérieur de la maison l'arrêta devant la grille du jardin. Tout à coup la porte s'ouvrit, et un homme qui lui était inconnu sortit en faisant un geste de menace.

— Madame, dit l'inconnu, la main à la poignée de la porte, puisque cela est ainsi, vous serez ce soir emprisonnée à *Surrey-Jail.*

C'est M. Igoghlein, dit tout bas Lively; et il saisit le bras du féroce créancier.

— Monsieur, lui dit-il, on n'emprisonne que les tigres à la ménagerie de Surrey. Allez à Wycombe, l'aubergiste Thomas Helyer vous paiera; prenez mon cheval, vous serez remboursé plus tôt, cela vous fera du bien, car vous paraissez bien animé.

— Qui êtes-vous, Monsieur? dit Igoghlein.

— Que vous importe?... Puisque je vous confie mon cheval, pour que vous alliez chercher vos fonds, que risquez-vous? de garder mon cheval.

— Est-ce mon père qui arrive? dit une voix éplorée qui sortait du cottage.

— Non, Madame, dit Lively en entrant, tête nue, et les yeux baissés: c'est un de vos frères d'Irlande, le plus indigne, mais le plus dévoué; c'est sir John Lively, fils du noble Arthur O'Tooley, qui fut proscrit et condamné pour rébellion...

— Le fils d'Arthur O'Tooley! s'écria la dame du cottage; le fils d'un des martyrs de notre Irlande! Oh! soyez le bienvenu!

— J'ai juré de ne reprendre le nom de mon père que devant l'autel de Saint-Patrick, le jour que j'épouserai une femme catholique; car il est écrit dans les livres saints, que la *race des justes sera bénie*.

— Mais c'est bien vous, sir Lively, que j'ai vu dimanche, à Londres, dans notre église!

— Je priais pour vous, Madame, et pour moi.

— Et quelle inspiration vous a conduit ici au moment où cet infâme?...

— On arrive toujours à propos quand on marche avec Dieu... Madame, j'ignore les usages du monde, excusez-moi si je parle et si j'agis à l'inverse d'un homme de société. Je viens ici, comme Éliézer au bord du puits, vous apporter un collier et un anneau de mariage. L'homme qui a jeté les yeux sur vous est Irlandais, catholique, riche, et il vous aime comme on aime dans le ciel.

La belle Irlandaise regarda fixement John Lively, avec des yeux pleins de larmes; et le jeune homme, debout, les yeux baissés, attendait une réponse, sans impatience et résigné.

— Je suis veuve depuis trois ans, dit-elle d'une voix sanglotante, et je puis disposer de ma main, sir John Lively; mais j'ai consacré mon existence à mon père; les malheurs de l'Irlande ont tellement altéré sa raison et sa santé, que sa fille seule peut lui donner des consolations et le servir. Je cesse d'être sa fille si je prends un époux.

— Non, Madame, dit vivement Lively, votre père aura un enfant de plus.

— Sir Lively, écoutez-moi... Nous vivons dans un temps de persécution qui me permet de laisser en oubli quelques-unes des convenances sociales;

il suffit d'ailleurs que vous soyez un bon et fervent catholique, et le fils d'un confesseur de notre foi, pour que je vous regarde déjà comme une ancienne connaissance, comme un frère. D'un autre côté, vous vous êtes présenté si noblement à moi, votre figure m'inspire tant de confiance, que je crois devoir vous tenir le langage d'une sœur. Peu de jours se sont passés depuis trois mois sans que je ne me sois effrayée, en disant ma prière du soir, de mon isolement et de ma faiblesse. Je défends mon père, et personne ne me défend. Je suis depuis trois mois exposée à l'insulte du passant, comme le peuplier du chemin. Tantôt encore... oh !... je n'ose achever... un infâme... m'a proposé de déchirer ma créance... et à quel prix !!!

— Comment, Madame ! ce misérable...

— Écoutez, écoutez, sir Lively... Dieu vous a envoyé à mon secours... l'infâme a osé porter ses mains sur moi ! Il s'est arrêté au bruit de vos pas...

Lively ferma sa main droite, et y appliqua ses dents avec un râle sourd.

— Sir Lively, point d'idée de vengeance ; priez pour lui... Et s'il était seul !... Mais il y a là-bas un château qui recèle des êtres abominables : on a su que le malheur m'accablait, on m'a fait des offres impies... Sir Lively, j'ai vendu hier ma dernière robe, ma dernière bague.

Lively fondait en larmes.

— Et j'ai rapporté au cottage une bouche pure qui pouvait prier. Sir John Lively, mon frère, voulez-vous être mon protecteur?

Lively fit un effort pour parler.

— Votre protecteur, Madame... votre protecteur?

Acceptez ce titre, sir Lively, vous vous en applaudirez un jour.

Lively étendit la main sur la tête de la belle Irlandaise.

— Madame, dit-il, je dormirai aux étoiles sur le seuil de votre maison.

— Donnez-moi votre main, sir Lively. Vous êtes un digne Irlandais.

— Me permettez-vous, Madame, de vous faire une question que je crois fort naturelle. Puisque vous avez été si souvent exposée, dans ce désert, aux insultes des hommes, pourquoi ne vous êtes-vous pas réfugiée dans les villes?

— J'attendais cette question, et je vais vous

répondre... pourvu que nous ne soyons pas interrompus par les huissiers de cet infâme...

— Madame, il est payé...

— Qui l'a payé? Vous, sir Lively?

— Madame... je...

— Vous ne savez pas mentir; c'est vous!... Au moins, je n'en rougis pas... Sir Lively, vous m'avez sauvé bien plus que l'honneur, vous avez sauvé la vie de mon père. C'est maintenant que je dois répondre à votre question. Écoutez : c'est un secret que je vous confie, et je ne l'ai confié qu'à vous. Le 21 mars dernier, nous allions de Londres à Chester, mon père et moi, en chaise de poste. Nous venions de vendre les débris de notre fortune. Mon père était mourant. Minuit sonnait à Wycombe, lorsque nous passâmes là, devant ce cottage. Je dormais; mon père me réveilla en saisissant ma main convulsivement. A la lueur de nos lanternes, je le vis pâle comme un cadavre; il venait de vomir le sang. Jugez de ma terreur. « Ma fille, me dit-il, j'ai soif, je meurs de soif; une goutte d'eau fraîche me sauve la vie. » Je m'élance sur la grande route; je regarde dans les ténèbres et je ne découvre qu'une plaine immense et sans habitations. « Oh! m'écriai-je, ma vie pour un peu d'eau! » et tombant à genoux, je fis un vœu à Notre-Dame-des-Sept-Douleurs; je lui jurai, si elle sauvait mon père, de donner à boire à ceux qui avaient soif, et de recevoir, là, pendant tout un été, et dans mes habits de fête, les pauvres, qui sont les amis de Dieu.

Lively tomba aux genoux de l'Irlandaise.

— Écoutez, sir Lively : je ne sais si la Vierge m'envoya un ange; mais un voyageur passa, portant à sa ceinture une outre pleine d'eau qu'il venait de puiser à la fontaine de Wycombe; mon père y puisa la vie, et le voyageur disparut. Le lendemain j'achetai ce terrain, je fis bâtir ce cottage, je me revêtis de ma plus belle robe, et je commençai mon œuvre de miséricorde. Que m'importaient les railleries, je savais que Dieu était content de moi. Hélas! mes ressources se sont épuisées; j'avais trop présumé de ma pauvre richesse. J'ai succombé à mi-chemin de mon vœu. Dieu me pardonnera.

Et elle leva ses yeux au ciel. Lively recula de respect; il crut voir un ange qui remontait vers Dieu.

— Dites, sir Lively, croyez-vous que dans ma position si étrange une pauvre femme puisse penser au mariage?

— Non, Madame, vous avez un vœu à remplir, et vous devez le remplir jusqu'au bout. Malheur à moi, si je jetais encore un mot profane, une idée mondaine dans votre sainte mission. Sir John Lively sera votre second ange gardien; il veillera sur vous, les yeux ouverts, la main haute, la prière aux lèvres et dans le cœur; jamais, dans les trois mois qui vont suivre, il ne troublera d'un regard la sérénité de votre asile; John Lively en fait vœu, et il unit ce vœu au vôtre. Continuez, sainte femme, à donner une goutte d'eau et un sourire à ceux qui souffrent, sans leur demander leur nom et le nom de leur Dieu.

Puis, tirant son portefeuille de sa poche, il ajouta:

— Puisque vous m'avez confié votre secret, permettez, Madame, que je m'associe à vos bonnes œuvres; voilà pour les pauvres.

Et il déposa son portefeuille sur une table.

— Je l'accepte, dit la belle Irlandaise émue aux larmes, je l'accepte de mon frère catholique et de mon fiancé devant Dieu.

Sir John Lively tint son serment; et la belle veuve remplit son vœu. Trois mois après, les cloches de Dublin sonnaient à toutes volées. On célébrait le mariage du millionnaire John Lively avec la pauvre Irlandaise du cottage. Dieu avait fait un miracle, et l'Irlande espéra.

FIN.

www.ingramcontent.com/pod-product-compliance
Ingram Content Group UK Ltd.
Pitfield, Milton Keynes, MK11 3LW, UK
UKHW012045240726
13965UKWH00003B/1055